和の国の神さま占い

神さまアート作家
香坂琉月 著

VOICE

私の子よ
私の御魂を分けた子よ
そなたを護り
そなたを愛する
私とのつながりを知る時です

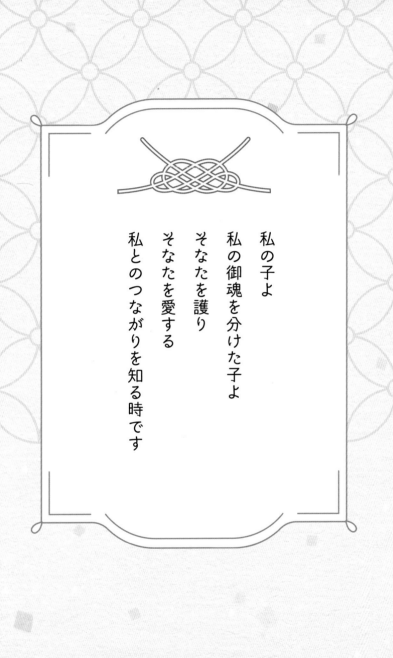

神数
1

天照大御神《あまてらすおおみかみ》

神数
2

月読命《つきよみのみこと》

神数
3

菊理姫命《くくりひめのみこと》

神数

4

櫛名田姫命《くしなだひめのみこと》

神数
5

弁財天《べんざいてん》

神数

6

木花咲耶姫命《このはなさくやひめのみこと》

神数
7

いちきしまひめのみこと
市杵嶋姫命

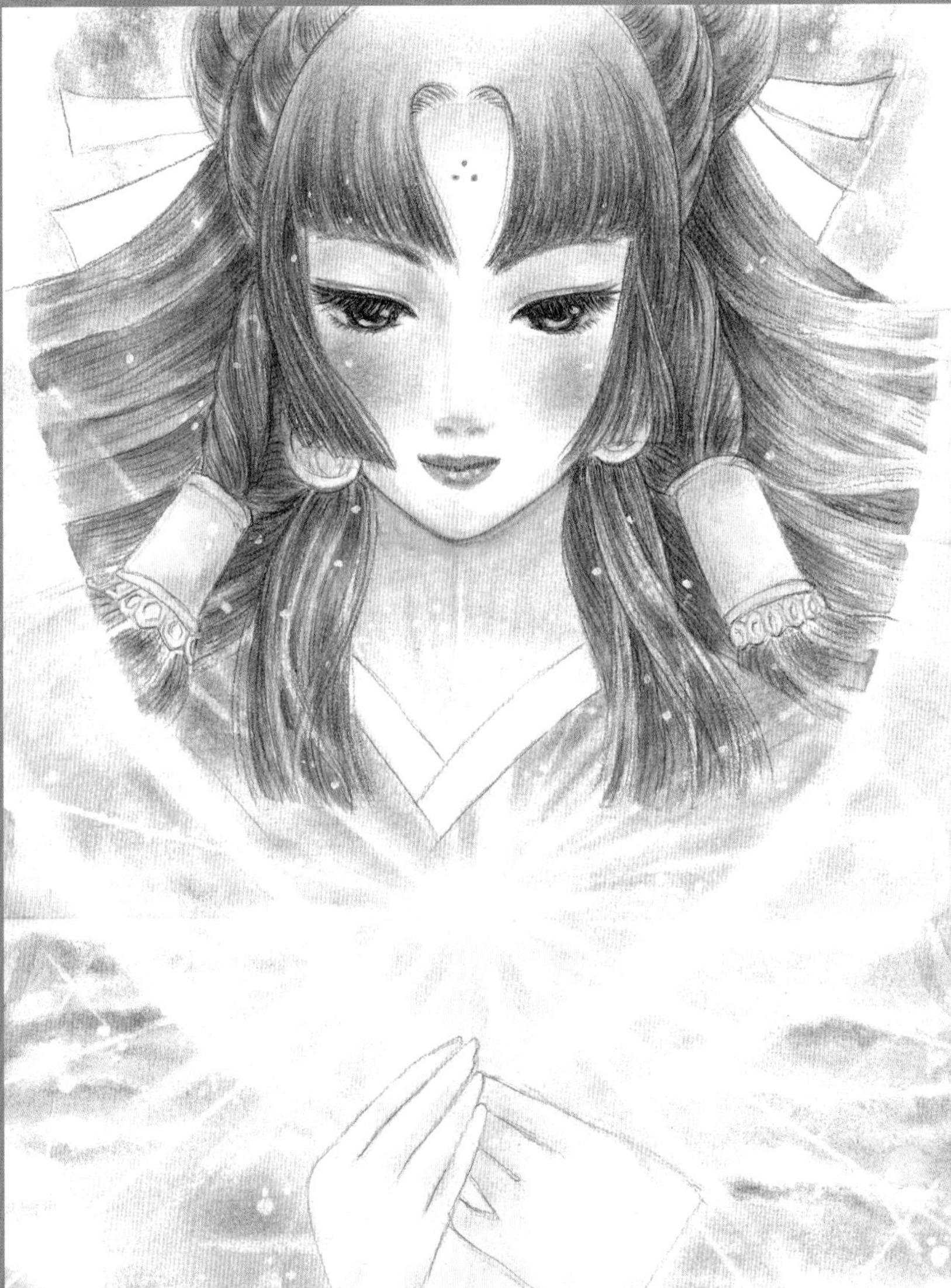

神数
8

豊受大神《とようけのおおかみ》

神数

9

天鈿女命《あめのうずめのみこと》

神数

11

瀬織津姫命《せおりつひめのみこと》

神数 22

伊邪那美命《いざなみのみこと》

神数
33

神産巣日神《かみむすびのかみ》

出雲《いずも》の阿国《おくに》

「みんな神さまと両思い」

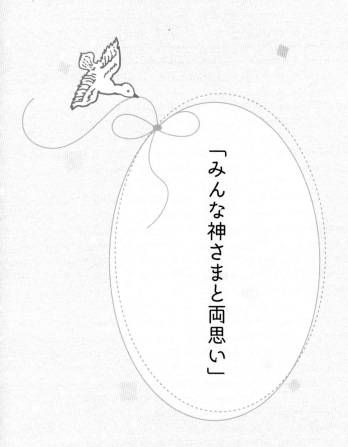

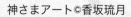

はじめに

「神様を応援すると運命が変わる」

あなたがこの本を手にした理由をお伝えしましょう。

それは、あなたが「変化の前」にいるからです。
神様はそういうチャンスを見逃さないのです。

あなたが自分の魂の性質や使命を知った時、あなたの中に眠っていた神性が目覚めます。

「わたしの子よ」
これは、伊勢神宮の荒祭宮《あらまつりのみや》で聞いた天照様の呼びかけ。
参拝する人全員にお声をかけてくださっています。

さらに、

「自ら輝きなさい」

と、光の玉を授けてくださいます。

あなたが自分の魂の在り方を知って進むべき道がわかった時、神様からのお言葉が慈愛の雨のように、あなたの心に染みこむでしょう。

あなたと神様は魂の根っこで繋がっています。

どんな時も見放さず、寄り添い、時にチャレンジを見守り、失敗に泣く背中を撫でてくださっています。

涙が乾いた頃を見計らって、今度は背中を前へと押してくださる。

当たり前に注がれる日の光も、胸いっぱいに吸い込める空気も、地を潤す水も、命を育てる土も、神様の恵みであり、神様からいただいているもの。

神様は、在るがままを在るがままに守ってくださる存在です。

宝くじを当てたり商売を繁盛させたりすることが、神様の仕事ではありません。

私の実家は米農家でしたから、新米は必ず神棚に上がり、「天照大御神」の掛け軸が、床の間に飾られました。

大地の恵みに感謝して、手を合わせていた祖母の背中を一緒に思い出します。

日本人が大事に守ってきた神様との【感謝の循環】。

どんなに小さな子も神様の前で手を合わせる日本人の心が、私は大好きです。

もっと好きなのは、日本の神様が「和」を大切にし、話し合いで解決するところです。

毎年、出雲の神在祭では全国の神々が集まって次の年のご縁を結び合います。

さまざまなご縁の中に「学びの縁」もあります。

「あの子にはこんなご縁を結んで、こんな学びを与えよう」と神々が大作戦を考えるのです。


何のために？

〝魂の成長〟のために、です。


神様は、私たちを応援して励ますコーチングも得意なのです。

だから今、試練の中にいる人も大丈夫。

それに挑むあなたを神様が全力で応援してくれています。年齢もまったく関係ありません。

私だって50歳を迎えた今、たくさんの応援を神様からいただいていたことにようやく気づいたのですから。

「神様に応援していただいたからこそ
私も神様を応援したい」

そんな神様への感謝の気持ちを、「推しの神様」という言葉で表現しています。

神様に感謝をお返ししたいという気持ちは、必ず神様に届きます。

神様ともっともっと仲良くなって一番のファンになりませんか？

アイドルやアニメのキャラを応援する活動を「推し活」というそうです。アイドルの追っかけになって平凡だった日常が輝き出す人が本当にいます。

たとえば、日本の「おじさん」です。

世界で一番孤独なのは日本の中高年、「おじさん世代」だそうです。

２０３５年には「おじさん世代」の約40％が一人暮らしになるという、心配な数字の算出があります。

プライドがあってコミュ力も弱くて趣味も友人も少ない……。

おしゃべりはもっと苦手……。

そんなおじさんがアイドルを好きになって、コンサートで仲間に囲まれてキラキラの笑顔で応援する姿は、生きがいそのものじゃないでしょうか？

男性だけじゃなく女性も当てはまります。
孤独な子育てをしている方や、厳しい介護生活の方は、男性以上に孤独です。

孤独の闇に光を与えてくれるのが「推し」の存在だとすれば……。
私にとっては、「神社や神様」がそれに値しました。

私はずっと、お正月に神社を参拝して、良いことが起こるように願うだけの人でした。
正直に言うと、どんな神様が神社にいらっしゃるかも知らなかったですし、どこかで願っても
どうせ叶わないと思っていました。

なぜなら、体を壊して病気になってしまったからです。

「こんなに頑張っていたのに！」
神様に文句を言いたくなったあの日を忘れられません。
自分の身を犠牲にするほど情熱を注いで働いていた教師時代。
努力の引き換えが病気なんて……ひどく落ち込みました。

きっと、この本を読んでいるあなたも同じような経験があるのではないでしょうか？
私のようにブレーキが壊れた車のような時間を知っているような気がします。

しかし、神様に文句を言う私を癒してくれたのは、神社であり神様でした。

それからというもの、好きな神社に足しげく通ったり、ご祈祷が趣味になったり、全国の神様にご挨拶する旅が夢だったり。

私にとって神社は心が軽くなる場所となり、お参りするたびに神社や神様に詳しくなりました。

「神様を描いてみたい」

そう思うようになり、25年ぶりに絵筆を持ち、大好きな神様を描き始めました。

すると私の〝神様アート〟を欲しいと言う人が現れて、5年の間に神様アートを通して2700人を超える人に、アートやメッセージを伝えるようになっていました。

純粋に「神様の素晴らしさを伝えたい」と願って描き続けた神様アートが、全国の人と私を結んでくれたのです。

私の人生のシナリオの中に、神様と人を繋ぐお役割があったなんて考えてもいませんでした。

あなたの人生のシナリオにも、必ず、あなたが望んで書き込んだページがあります。

人生が終わる瞬間に気づくのでは遅いです。

私は思いがけず、今年、生きるか死ぬかの臨死体験までしたので、これは確実に言えることです。

「時間は有限である」

私と同じように神様を応援して人生が変わった人が、全国にたくさんいらっしゃいます。
あなたが生まれる前から見守ってくださっている神様を知って、ぜひ、ご縁結びしてください。

この本は、あなたと神様が結ばれる本であり、あなたと神様が「両思い」になれる方法をお伝えしています。
そして、あなたと神様を繋ぐ「ゴールデンループ」を授かることができるようになります。

さあ、あなたの心の岩戸を開けましょう。
「みんな神様と両思い」
そんな優しい世界のために。

目次

❖6章　推し事のススメ

❖7章　ゴールデンループの授かり方

第Ⅱ部 推しの神様と繋がる……151

第Ⅰ部

和の国の神さま占い®

1章◆「和の国の神さま占い」とは

❖「和を以て貴しとなす」

604年に発布された十七条憲法第一条で、「和」を最も大切としなさいという憲法の大黒柱を立てたのは、聖徳太子です。

今から1400年近く前に、争いではなく、話し合いで解決できれば良きほうに進むと伝えています。

「事理《じり》おのずから通ず」「何事かならざらん」

その姿勢が保たれれば、「道理にかなった調和が生まれ、何事も成就する世の中になる」と示しています。

「和」の文字の偏《へん》は「のぎへん」です。

のぎへんの「ノ」の部分は豊かに実った稲穂を意味し、頭を垂れるほどの「知恵」を象徴しています。つくりの部分の「口」は話し合う意味と「輪」になっている人々のように私には見えます。

武力ではなく、豊かな知恵を持ち寄って話し合う世界は、「神々の世界」とそっくりだと思いました。

毎年、全国の八百万《やおよろず》の神々が集まる出雲では「神在祭」が執り行われ、「神議《かむばかり》」という来年のご縁を話し合う会議が行われます。出雲以外を「神無月」というのに対し、出雲だけ「神在月」というのは有名な話ですね。

「話し合い」を大切にする日本の神様が私は本当に大好きで、世界に類を見ない素晴らしい神々の「在り方」だと思っています。

きっと、聖徳太子も「神々の世界」を人の世界でも再現するために、「和」を国づくりの理想に掲げたのではないでしょうか？

八百万とは、「多くの」「多彩の」という意味があります。個性豊かな神々の集まりであっても話し合って意思の疎通がされ、調和していれば平和を築けるという教えを聖徳太子が形にしたように思えます。


神在祭が行われる期間、出雲の人々は、神々の大切な会議を邪魔しないように静かに過ごすそうです。神様が生活のすぐ隣にいて、一緒に暮らす存在でもあるというのは、出雲の人々の気遣いでわかります。日本人がずっと大切にしてきた神様との暮らしが本当に愛おしい世界であり、これからも続いてほしいと私は願っています。

だからこそ、神様と人の繋がりを聖徳太子のように見える形にして伝えたいと思うようになりました。

運の通り道を広げる

私が「和の国の神さま占い®」と名づけたのは、神々の世界を〝占い〟というコンテンツで表現し、人と神様の縁を結ぶことを形にしたいと思ったからです。

お願いする方とお願いされる方という関係ではなく、生まれる前から私たちの魂を知っていて見守ってくださっている神様を知り、ご縁に気づき、魂が輝くほうへ道案内ができる占いが「和の国の神さま占い」です。

神様に関わり、人生が大きく変わった人の一人として、私が本書を書かせていただいているのも、多くのご縁によって導かれたと思っています。

「縁は異なもの味なもの」と申しますが、神々の采配にはいつも驚かされています。

また、私たち誰もがきっと願っている「運が良くなる」という仕組みにも、神様が関係しています。その仕組み自体は、実は簡単です。

あなたの**運の通り道を広げればいい**だけ。

運の通り道を広げる占いができるのも、「和の国の神さま占い」の特徴です。

そして本書の最大の特徴は、神様を応援するともっと運が良くなる**「推し活」**の仕方がわかること。

推し活をするほど強く結ばれる神様との御神縁を、**「ゴールデンループ」**と私は呼んでいます。

あなたも神様とのゴールデンループを授かって、幸せに生きる未来を現実化してくださいね。

占いの方法は簡単です。

あなたのお誕生日がわかれば、簡単な足し算でご縁のある神様を導き出すことができます。

さあ、12柱の女神様とあなたを繋ぐ「和の国の神さま占い」を始めましょう。

あなたが、神様との繋がりを知るべくして本書を手に取ったのも神々の導きです。

偶然はないのです。

あなたの魂が本書を選んだという事実は、まさに「神々の歓迎サイン」といえるでしょう。

2章◆占いの方法

この章では、実際に「和の国の神さま占い」の占い方法をお伝えしていきます。

まず、和の国の神さま占いでは、私が考案した「**神さま数秘術®**」を用いて「神数《かみすう》」を導き出します。

あなたの「神数」を計算して出してみましょう。

ホームページのQRコード（375ページ）からも神数は算出できます。

【神数《かみすう》】の導き出し方

西暦を入れたお誕生日を1桁の数字として足していきます。
2桁になったらまた1桁にして足して、最終的に1～9の1桁にします。ゾロ目の数字（11，22，33）は、そのまま2桁で終わりです。

●1～9までの1桁の数字の例

1999年2月23日生まれの場合
1+9+9+9+2+2+3＝35
3+5＝神数「8」

2001年9月26日生まれの場合
2+1+9+2+6＝20
2+0＝神数「2」

●11，22，33のゾロ目（マスターナンバー）の例

1973年4月18日生まれの場合
1+9+7+3+4+1+8＝33
神数「33」
＊ゾロ目は、そのまま「11」「22」「33」

あなたの神数の神様

自分の神数を出すことによって、大切に思う神様、信じる神様を変えてくださいという意味ではありません。

これは〝ご縁のある神様〟という意味であり、「守護神」と決める必要もありません。

あなたにご縁があって、あなたをサポートしてくださる神様という位置づけになります。支えてくださる神様は、多いほど嬉しいことです。

あなたが「和の国の神さま占い」で導き出された神様とご縁を結んで、さらに豊かな毎日を過ごせたら嬉しいですし、神社参拝がもっと楽しくなると思います。

日本の神様は、古事記や日本書紀で表される名前も違っていたり漢字も違っていたりして、覚えられない方も多いですね。それは当然で、同じ神様でも別名をいくつも持つ神様がいます。出雲大社の主祭神の大国主様は、なんと20個以上のお名前をお持ちです。

学ぼうとするとき、入り口が難しくなればなるほど気持ちが離れてしまうものです。私も数学が苦手で、いつも授業で眠たくなっていました。

和の国の神さま占いでは、正しさよりわかりやすさを第一にしています。神様の説明も同じく、神話や伝承の真偽を追求するものではなく、神様を知っていただき身近に感じていただけるように工夫しました。

神様のお名前は「読みやすさ」を優先し、現代の人に伝わりやすい表記にしています。漢字は中国から輸入されたものですし、「音」のほうが大事です。「あまてらすおおみかみ」という響きで覚えてくだされば、漢字を覚える必要はないと思います。漢字の表記の仕方も古事記や日本書紀にこだわらず、書きやすく、現代の人に読みやすい漢字にしてあります。

また、和の国の神様占いは、女神とあなたを結んでいます。女神はサポート力に優れていて、あなたの才能を開かせるお力をお持ちです。男性は、女神の応援が入ると運気がぐんぐん上がりますし、女性と女神はそもそも相性がいいです。

美しいだけではなく、ただ可愛がられるだけではない女性の強さを女神に感じるからこそ、女神と繋がることでいまだ眠っているあなた本来の才能を開いてくださることでしょう。

私が本書で女神とあなたを繋げる理由はそこにあって、初めて神様を知った人でも繋がりやすさを第一に、と考えたからです。

あなたとご縁のある女神様はあなたを目覚めさせる神様であり、あなたの才能を開かせる神様だと思ってください。

自分にご縁のある神様を知ることで、今までの神様との繋がりや新しい発見があるかもしれません。生まれる前からあなたを見守ってくださっている神様を知って、ぜひ御神縁をお結びください。

私もお繋ぎ役として、御神縁の結び方や神様からのメッセージをあなたにお渡ししたいと願っています。

それぞれの神数とご縁のある12の女神の特徴やメッセージは、第Ⅱ部にてご紹介しています。

3章◆数秘術とは

❖宇宙のすべては「数」で成り立つ

古代ギリシャの数学者ピタゴラスは「数には意味がある。世界はすべて数で表すことができる」と紀元前に気づいていたのですから、驚きです。

世界のすべてが「数」から成り立つとしたピタゴラスも聖徳太子と同じように、神々の世界を「数」で表現しようとしたのではないでしょうか？

世界中の言語が多種多様であるのに対し、数の概念は全世界共通。

言葉がわからなくても「数」がわかれば、買い物やコミュニケーションができるのです。

そのほうが不思議ですし、数にエネルギーがあって意味が存在するという考え方が腑に落ちます。数と宇宙の法則は古代から存在していたのです。

数秘術は大きくふたつの流れがあって、先のピタゴラスの他に古代のユダヤ教にも存在し、神秘思想「カバラ」と呼ばれていました。カバラでは古代の叡智を数字化して暗号を読み解く方法も伝えられています。数のエネルギーを利用し、政治を動かす門外不出の秘儀とされていましたが、20世紀初頭に現代数秘術としてアメリカで構築され直しました。

その後、世界に広まっていって、占術のひとつとなりました。誕生日や名前から数を導き出して占うのが一般的な現代数秘術です。

神様のパワーも「宇宙」のエネルギーに繋がっていると私は考えています。数も宇宙的なエネルギーを持つので、神様のご神徳のエネルギーと数を対応させることで「人間の魂の本質」を知り、深い理解を得ることができると考えました。ご神徳とはいわゆる「ご利益」のことで、神様の得意分野を示します。

また、太陽系の惑星にも数字が隠されていて、惑星が持つエネルギーと数字の意味と神様のご神徳を融合させ、「神さま数秘術」を導き出しました。

誕生日は神様からのギフトとヒント

誕生日とは、あなたが神様とお別れしてこの世に生まれた日です。

生まれる前の記憶は消えてしまう人がほとんどなので、「生まれた理由」を知りたい人も多いでしょう。でも、すべてを知っていたら「成長」はありませんし、何より「感動すること」ができません。

というのも、生まれた理由の第1位が、「感動を味わう」ためだからです。

明日どうなるか知っていたら感動で泣いたり打ち震えたりできません。どんなに怖いことでも前もって知っていたら回避して驚きもしないでしょう。だから、未来はわからないのが前提でいいのです。

魂の航海ＭＡＰを手に入れる

現代はナビゲーションシステムと携帯電話の発達により、道を聞かれることも減り、聞くこともなくなっています。つい30年前は考えられなかったことです。人工衛星が宇宙から私たちの居場所を特定して、距離や方向を計算して情報を届けてくれるからです。

しかし「魂が進む方向」をナビゲーションできるシステムはまだありません。

生きることに迷って多くの時間を費やしてしまう人もいるでしょう。いくらＡＩが発達して完璧な人生をシミュレーションしてもらっても、未来を想定して知っている以上、感動することはできないのです。

人は「経験と感動」のために生きています。

遠回りも無駄ではありませんが、気力と体力があるうちに方向だけでも知っていれば、さらに多くの「感動」を体験できるはずです。

私がみなさんに知ってほしいのは、ゴールではなく「方向」です。

海に漕ぎ出す冒険者が、風向きを読んで船の帆を張る……そんなワクワク感を知りたくありませんか？

あなたの魂がもっと豊かに輝く方向を示す「人生のコンパス」を、本書でぜひ手に入れてください。

人生の航海に迷わないように、あなたを見守る神様がいることを知る時が来たのです。

4章 ◆ 推し活の原点は伊勢神宮

＊伊勢神宮の正式名称は「神宮」ですが、読む方に伝わりやすいように伊勢神宮と書かせていただきます。

「一生に一度はお伊勢参り」というキャッチフレーズが江戸時代に流行りました。

多い時は年間で500万人が伊勢を訪れ、江戸から往復で252里（1008キロ）を約1～2か月間、徒歩で移動したといいます。費用も現在のお金で30～60万円ほどかかったと考えられるので、まさに一生に一度は行きたい夢のツアーでした。

お伊勢参りの中で最も人を集めたのが、「おかげ参り」です。約60年に1度の年を「おかげ年」といい、有難いご利益があると信じられていて、数百万人が訪れたというから驚きです。

爆発的な流行の理由のひとつに、当時、ベストセラーになった十返舎一九の旅行記『東海道中膝栗毛』の影響があったといわれます。弥次さんと喜多さんが、厄落としのために江戸から伊勢神宮へ旅する様子が面白おかしく書かれていて、真似する人が続出したと考えられます。
映画やアニメの舞台となった場所を訪ねたり旅したりする「聖地巡り」が、江戸年代からあったと思うと面白いですね。

天照大御神《あまてらすおおみかみ》様にお会いしたいという一心で伊勢神宮を目指した江戸の人は、伊勢神宮の正宮までたどり着くと、大号泣したそうです。長い旅路を終えて目的地に到着した喜びと、迎えてくださる神様の愛に魂が震えるほど感動して涙したのです。

加えて、伊勢神宮参拝の感動を盛り上げた現地コーディネーターの存在も外せません。「御師」という、各地へ出向いて伊勢の教えを広めたご神職の方々です。
ご祈祷の受付や奉納を勧めたPR担当、各地で講座をするセミナー担当、現地の観光案内や宿泊担当もいました。伊勢への旅費を地域で積み立てて、代表が行く代理参拝もあったほど、伊勢神宮参拝は江戸の人々にとって、特別な旅だったといえます。

……あれ⁉

これってそのまま現代の「推し活」※みたい！

私は、ハッとしました。

「おかげ参り」という言葉に、推し活をしていた江戸の人たちの心が浮き上がりました。大きな目標をやり遂げた自分を自慢するのではなく、推しの神様への感謝の気持ちが溢れている言葉だと思います。

現代でも時間や旅費をかけて推しのアイドルに会いに行って、一生懸命に応援する方々がいます。推しに一瞬でも会えたら幸福感に満たされて、同じアイドルを応援する人でチームを作って、協力して活動をします。推しは存在するだけで「尊い」とまで言われ、存在に「感謝」が生まれる……。

江戸時代の伊勢参拝にそっくりです！

※神様とアイドルを同等に考える表現ではなく、わかりやすい例えとして受け取ってくださいね。

❖推しへの愛は江戸時代も現代も同じ！

検証はできませんが、江戸時代に伊勢神宮参拝から帰った人は、溢れた涙と感動を周囲に語ったのではないでしょうか？

写真もなく、インターネットもない江戸時代は、「聞いた話や書物」が情報のすべてでした。どんな場所にどんな神様がいて、どれほど幸せな体験をしたのか、旅から帰った人を囲んでみんなでお土産話をわくわくしながら聞いたと思います。参拝した人も天照様と対面した正宮での感動を語るたびに思い出し、行って良かったと何度も涙したのではないでしょうか？

ここで一般的な**推し活の定義**を確認してみましょう。

> 誰かに紹介したいほど好きな様子や独り占めではない〝好き〟より強い〝愛〟のこと。

一生に一度は伊勢神宮参拝という「推しへの愛」は、定義に基づいているといえます。御師の活動は、まさに「推し活」そのものだからできる仕事です。

500万人を動かした伊勢参拝は、【推し神を応援する推し活】によって大ブームになったと考えられます。

伊勢神宮は、世界遺産？

世界遺産は「遺産」なので、そのままの形状を残すことが、選ばれるための絶対条件です。そのため、伊勢神宮は20年に一度、お宮を新しく建て替えをするので世界遺産には選ばれません。

でも、これほどの歴史を持つ場所は世界的にも例がなく、日本の誇りであり、心であると感じています。神宮司庁も「継続」こそが神宮の目的であると示しています。

20年に一度行われる式年遷宮《しきねんせんぐう》（決まった周期で、社殿を造り替え、新たな社殿に御神体を移すこと）は、いつまでも若々しく在り続ける「常若《とこわか》」の精神によって1300年以上執り行われてきました。

精神や技術を式年遷宮で受け継ぐことが、在り続けるために必要であると、1300年前からわかっていたなんて、日本人はすごすぎます！

❖遷宮の費用は約550億円!?

正殿の柱は樹齢300年クラスのヒノキを使い、その他2000本のヒノキ、2300本のカヤの木、ご装束525種1085点、装飾具や楽器、調度品など19種1199点もの品々が20年ごとに新調されます。

そのためにかかる費用、なんと約550億円※だとか！

※2013年遷宮時　皇室からの御内帑金を除く

木材は再利用もありますが、相当数になります。材料を調達するために、550ヘクタールに及ぶ神宮林を持っている伊勢神宮は、「サスティナビリティ」の超先駆けです。

資源の再生利用を重要視し、古い木材は全国の神社の修繕に寄付され、今現在も新しい苗木が山々で育てられています。常に200年後の未来の遷宮のための準備を重ねているなんて、世界に自慢したい日本人の精神性の素晴らしさだと思います。

戦国武将・織田信長公による「巨額の推し活」

「鳴かぬなら　殺してしまえ　ホトトギス」

この言葉が象徴するように、残酷なイメージのある戦国武将の織田信長公。実は、伊勢神宮の遷宮を再興したというのです！　これを知ったときはびっくりしました。

国を統一するために手段を選ばない人のように思われていますが、織田信長公をお祭りする建勲神社には、信長公がすさんだ戦国の人の心をひとつにまとめるため、伝統の再興に惜しげもなく巨費を投じられたと伝えられているそうです。

先ほどお伝えしましたが、現在のお金の価値でも遷宮には500億円以上の費用、準備期間に8年間以上かかるとされていますから、重機もない戦国時代の遷宮はもっと大変だったでしょうね。

しかし、信長公は本能寺の変でこの世を去り、伊勢神宮の遷宮を見ることは叶いませんでした。当時のお金で、銭三千貫目を使い伊勢神宮の遷宮を再興した信長公の推し活は、驚きのスケールだったといえます。

完成を見ることはできなかったかもしれませんが、戦乱の世で滞っていた伊勢神宮の遷宮を復活させたからこそ、今も神宮はあり続けています。その意志を引き継いだ豊臣秀吉公によって遷宮は執り行われ、徳川家康公へと受け継がれた……。遷宮の歴史はすごいですよね。

織田信長公の遷宮復活の功績は、大変大きいものであり、最高峰の推し活のひとつだと思いました。

ほかにも、戦国武将の多くが神社を大切にして保護し、御社殿などの寄進をしています。寄進とは寺社などへの寄付で、建物の建築も奉納でした。

武将が神社を大切にする理由は何だと思いますか？

命をかけて戦をしていた時代。武力のほかに必要としたものは「運」だったのではないでしょうか？

戦い方が、刀から鉄砲に変わった戦国時代は、どんなに強くても流れ弾で命を落とすことがありました。「命運をかける」という言葉からも、命と運は背中合わせのような関係であり、運が味方するかどうかで自らの存亡も左右した時代だったといえます。

命を守ってくれた神仏への感謝や勝利へのお礼を、「寄進」という形で武将たちは表していたのだと思います。

神様が応援してくださったから、神様を応援したい

戦国時代にはすでに、「推し神への感謝を形にする風習」があったのです。

5章◆神様を推すと起こる変化

私は、神社を参拝するようになって、ある変化に気づきました。

それは私だけではなく、神様に関わって人生が変化した方からたくさんお話を伺ってきましたが、不思議と共通して、みなさんに同じような変化が起こっていることがわかりました。

1 運が良くなる
2 夢実現が加速度的に早くなる
3 若返る
4 出会う人が変わる

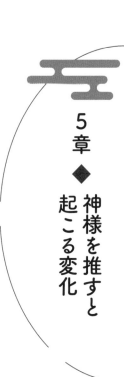

5 天命に気づく

この5つは必ず起こる変化なのではないかと、今も検証しています。

神社参拝をすると人生が変わる秘密がここにある、といっても過言ではないでしょう。

段階として1から始まり、5に到達していく流れです。

5の天命に気づくのは難しい段階だと思いますが、天命に到達している方々はご縁のある神様をとても大事にされていました。

やはり、神様に応援されたから神様を応援したいと考えている方が多いですし、本書では実際に神様の後押しを実感したお話やエピソードもご紹介していきます。それを例にすると、きっとあなたに起こり始めている変化と段階がわかると思います。

それでは、今のあなたがいる段階とその先の段階を見てみましょう。

1　運が良くなる

みなさんは神社参拝の後、気づきやすい変化として、運が良くなったと感じることはないですか？

特別な推し方をしなくても、ちゃんと神様はあなたを応援してくださっています。

その証として、

「あれ？　何だかツイてるなあ！」

という瞬間が度々起こるようになってきます。

自分の運気が上がると、さまざまなタイミングが合ってきて、シンクロが起こり、良い方向へどんどん導かれます。

推し活上級者になると、まるで新幹線に乗ったかのようなスピードで物事が進む時があります。中にはロケット級の人もいるでしょう。

ここで、自分の運気は上がっているのか、チェックしてみましょう。

【運が良くなった？ 開運チェックポイント】

□必要な出会いがあった
□とんとん拍子に物事が進む
□褒められたり感謝されたりする
□臨時収入があった
□やりたい仕事のオファーが入る
□困っても助けが入る
□探したものが見つかる
□事故やケガなど危険を回避した
□抽選やクジに当たる
□プチラッキーが続く

チェックして1つでもあったら、あなたの運は上がり始めています。

反対に、まったくなくても心配はいりません。最高の運気は一見、不幸の顔をしてやってくる時があります。今、あなたがどん底であっても、それは運気が大逆転する手前にいる可能性があります。

アンラッキーはラッキーの一部

運気には「波」があります。

生物に起こるバイオリズムは、ある一定の変化を総称していいます。短い周期と長い周期があり、波打つのが特徴の生体リズムです。

運もそれと似ていて、良い波長と良くない波長が波打っています。波長のギャップが大きいほど、起こる現象も変化します。

波乱万丈な人生を送っていると感じる方は、その波長の差が大きいのかもしれません。

極端な例だと、宝くじに当たって人生が一気に変わる人がいます。

知り合いから聞いた話ですが、職場で高額当選した人が次の日から職場に来なくなったそうです。家も売り払い、突然いなくなってしまったようなのです。

欲しい「お金」を大量に持ってしまった場合、誰もが平静でいられるかは難しいと思います。

あなただったらどうしますか？ 突然、何億円も手にしたら。

これは、神様へのお願いに通じる話でもあります。

「お金が欲しい」

「宝くじに当たりますように」

一度は願うお願い事なのではないでしょうか？

でも、ここからが問題です。

「そのお金をどうしたいのか？」

そこまで考えてお願いしないと、叶ってもお金のエネルギーに負けてしまいます。

お金はエネルギーそのものであり、大きすぎるエネルギーは抱えきれなくなります。

お金はあっても邪魔にならないといいますが、人の心を惑わす怖い側面も持っていることを忘れてはいけませんね。


金銭的に大当たりした人がもっとお金を増やそうとして、博打をしたり騙されたりして一文無しになることがあります。まさにどん底アンラッキー状態です。

仕事をなくして、食べるものや住む家をなくし、死を選びたくなるかもしれません。でも、炊き出しのボランティアで手にした温かいお味噌汁に救われる命があります。

「生きよう」と魂が再び、燃える人がいます。

お金に惑わされた経験を超えて、人生を新しく塗り替えていく人たちもいます。

不幸のお面をかぶった幸運をあえて招き入れる人は、さらに強くなってしなやかになります。運のバイオリズムを変化させていく力を手に入れることで、力強く人生を歩む人に成長するのです。

他人のために走る人も運が良くなる

誰かのために走る人や手を貸す人も運が良くなります。

自分の願い事より他人のために祈る人も同じです。

誰かのために命をかけて頑張っている人が、世の中にはいます。24時間、私たちの暮らしを守るために働いてくれている人が全国にどれだけいるのでしょう。

仕事ではなくても誰かのために走った経験がある方は、きっといらっしゃると思います。

こうした行動は「運を磨く行動」であり「運の通り道を広げる方法」でもあります。

秒で願いが叶った体験

先日、浅草で神社参拝の会を開催した時のこと。

参加者のTさんは、足が不自由なので何度も参加を迷ったそうです。それでも杖を持って参加してくださいました。

その日の浅草は大変混雑していて、私からしてもとても歩きにくい日でした。そんな中、途中でTさんは、足が動かなくなって倒れ込んでしまったのです。

ちょうど浅草寺の御本堂の中でした。

「どうしよう！」

私は、痛みでうずくまるTさんをどう助けていいかわからなくて、心臓だけがドキドキと鳴りました。すると、

「私、リフレクソロジーをやっているんです！」

と、参加者のお一人が名乗り出てくださいました。

「カイロ、持っています！」

また一人、助けが入り、

「ヒーリングエネルギーを流します！」

と力を貸してくださる方が入りました。

（この後、移動があって歩かなくてはいけない。Tさんを絶対置いていきたくない！）

そう強く思った私は、その場を主催の方とみなさんに任せて走り出していました。

境内の中を走りながら、

「神様助けて、神様助けて！」

と胸の中で叫んでいました。

すると、二天門でちょうど人力車の車引きのお兄さんに出会いました。

「人力車を一台呼んでもらえませんか！」

息を切らせた私にびっくりした車引きのお兄さんでしたが、

「今、お客様が降りたので僕が行きます」

と、応えてくれたのです。

その間、約1秒。

私の願いが、秒で叶いました。

人力車のお兄さんの笑顔と爽やか声にどれほど安堵したことかわかりません。


「一緒に人力車で行こう！」

Tさんは、なんと人生初の人力車に乗ることになりました。


「みんなに迷惑をかけてしまった」

と沈むTさんに、

「そんなことないよ。〃禍《わざわい》転じて福と為す〃だよ。Tさんのおかげで私も人力車に乗れたよ。頑張って来てくれたからだよね。最後まで一緒に行きたかったから神様のおかげだね」

と言いました。

浅草の空はどこまでも青く澄んでいて、龍みたいな大きな雲が天に昇っていました。人力車から見る景色も本当に美しくて涙が出そうでした。町中に笑顔が溢れていて空気がきらきらしていて、とても幸せな気持ちになりました。

「一生、忘れられないです。見える景色が違う」

Tさんは初めての人力車が少し怖かった様子でしたが、「いつも見ている景色と全然違って見えた」と言う横顔が輝いていました。

Tさんは、ずっと悪いことが続いていたため、神社巡りを始めたそうです。御朱印帳をとても大切にしていらっしゃいました。

もし、あの時私が走らなかったら、Tさんは遠慮して帰宅したかもしれません。みんなが力を貸してくださらなかったら、迷惑をかけてしまったと悲しい思い出になってしまったでしょう。きっと帰宅しても暗くて重たい気持ちになって「行かなければよかった」と後悔してしまったかもしれません。

参加者様の協力と神様の力が合わさったから起こった奇跡でした。

そして、丁寧な運転で、最後までサポートしてくださった人力車のお兄さんにも心から御礼をしました。

「浅草の神様の使者であるお兄さんに助けられました。ありがとうございました」

立ち去る私たちを見送ってくださった優しい視線を背中越しに感じて、また泣きたくなりました。

「ありがとう、神様」

私は、何度も何度も心の中で感謝を言いました。

無事にTさんは、次の会場に着いて最後まで参加することができました。たくさんの笑顔を見せてくださって本当に嬉しかったです。

後日、

「あの人力車の写真を携帯の待ち受けにしました。みなさんにも元気パワーをもらいました。みなさんが優しい方々で思い切って行ってよかったです」

と、Tさんから嬉しいメールが届きました。

「幸運は一見、不幸の顔をしてやってくる」

けれど、その仮面の下は幸運が隠れているのです。

Tさんは、不幸の仮面の外し方を体験して、きっと運が変わったはずです。

「見える景色が違う」

そう言っていたTさん。その通りです。見方を変えたら人生が変わり始めます。

一緒に体験できて、私も成長しました。

こうやって神様は、人に学びや感動を実体験として与えてくださるのです。そして、さりげない手助けで、禍を福にする力を授けてくれます。

助けた人も助けられた人も反対の立場ですが、「同じ学びと成長」を共有している大切な学び相手です。

魂はたった一人では成長しないから、めぐり合わせも神様のご縁結びといえるでしょう。

運は、自分次第で変えることができます。

そして、誰かのために走る人や手を貸せる人は、神様のご褒美で運がもっと良くなります。運を磨くほどに運の通り道は広がって、神様とのコミュニケーションもスムーズになるのです。

2　夢実現が加速度的に早くなる

運は常に動いていると先に書きましたが、速度も違います。ゆっくり変化する人もいれば、急激な変化の人もいます。

どうして、運の速度が変化するのでしょう?

何事でも、原因には理由があるはずです。

私の仮説なのですが、運の速度が早まるのは、「御柱《みはしら》が立ったから」という理由です。

御柱とは、文字の通り建物を支える柱と同じ意味です。何を支える柱なのかというと、「志」です。

「志」が生まれた時、その心の柱に神様が宿ると私は考えています。

建築にも同じような言葉を見つけました。

それが、**「心柱《しんばしら》」**。

神社仏閣の建築において重要な柱を指します。
有名な建築物では、法隆寺の五重塔の中心にその心柱は立っています。心柱の周囲は吹き抜けになっており、各層の荷重を分散し、塔全体の荷重は心柱の周りにある4本の四天柱と12本の側柱によって支えられています。１３００年以上前の姿を残し、大きな地震に倒れることは一度もありませんでした。

心柱は建物だけでなく、人の心にも立つ柱だと考えられます。
どんな困難にも倒れない心柱の構造は、人に当てはめるとよくわかります。

心柱（自分と志）
4本の四天柱（自分を支える家族・身近な人・ご先祖・神様）
12本の側柱（友人や仕事仲間・ファンの方々など）

このように、がっちりと支えて守られている構造が浮かんできます。

ということは、「どんな御柱を立てるのか」により、応援や守りのエネルギーが変化するといえないでしょうか？

実際に、応援される人ほど、目指す目標や志が明確な人が多いと感じています。

◆◆◆ case.1 ―― 世界の応援が集まった羽生弓弦さん ―― 神数33

アイススケーターの羽生弓弦さんは、まさに「応援される人」です。

美しい演技や高い技術を超えて、世界中が応援した北京オリンピック（2022年）は戦いの場であったはずなのに、「祈りの場」のように思えました。

「4回転アクセルジャンプ」に挑戦する彼を、世界中が応援して成功を祈る現象は、「個人の願い」がみんなの願い」になったからではないでしょうか？

羽生さんが、常に戦っていたのは「以前の自分」だったことや、「はっきりした目標」を持つ方だからこそ多くの応援が集まったと思います。そして、その目標に純粋な思いで向き合っている姿が共感を呼んだのです。

「誰かのために滑っているのかな?」

そう思う瞬間が時々あって、鎮魂のような思いを演技に感じる時があります。

彼は、東日本大震災の被災地・仙台の出身でもあり、ご自身もその場にいました。

「美しい風景や街並み、続くはずだった未来や消えた笑顔を忘れない」と、氷に刻んで一緒に滑っている気がします。これは私が勝手に感じていることですが、羽生さんの大きな愛の器の中で一緒に生き続けている魂がたくさんいらっしゃる気がするのです。

選手の引退を考えたオリンピックでの発言の中で、「この挑戦は子どもの時の夢」とおっしゃっていました。

子どもの頃の夢は、神様との約束でありギフトなのだと羽生さんから教わりました。純粋な心に神様の応援が入るという生き方を見せてくださったと思います。

◆◆◆ case.2 クラウドファンディングで出版を叶えた! 『神さまノート』作者ヨコヤマメグミさん 神数4

「3度の飯より絵を描くのが好き」というヨコヤマメグミさんを知ったのは、クラウドファンディングでした。

　メグミさんのクラファンは、神社や神様や歴史について手書きでまとめたレポートを『神さまノート』という本にして出版するという内容でした。

　かわいい絵柄や文章からにじみ出る人柄に惹かれて、私もメグミさんの挑戦を微力ですが応援させていただきました。そのご縁がきっかけで交流させていただけるようになり、メグミさんの取り組みを知るたびに「応援したい」と思うようになりました。

　メグミさんはかつて、〝消しゴムはんこ作家〟として神社のマルシェに出店していたそうです。不思議と良いご縁が続き、「神社ってなんだろう?」「神様ってどなたなんだろう?」と思うようになり、勉強したものをイラスト入りで描き始めたのが「神さまノート」の始まりだったそうです。

「本にしてほしい!」と読者の要望が集まっても、実現する資金がない……。そう悩んでいるところに、クラファンを知人から勧められて挑戦したそうです。

「日本一小さい出版会社になればいい！」

メグミさんは、多くの方に届けたいという「志」から、個人で出版会社を立ち上げることにしました。

「失敗はするものだからそれは当たり前。でもワクワクする気持ちのほうが強かった」と、当時の気持ちを教えてくれました。何より創作するのが大好きだから挑戦が楽しかったそうです。

クラファン達成後、1冊目は2019年に、2冊目は2020年……と毎年出版して、現在は5冊目に突入しています。普通では考えられないスピードで動かれていると私も驚きました。

「順調に仕事も進み、どんどんお客様が増え、神様の強い応援を感じた」

という言葉に、メグミさんが神様や神社と丁寧に繋がってきた時間を感じました。

「お客様の要望に応えながら全国の神社を巡れて幸せ！」

と笑うメグミさんの口元に、神様の光を感じます。

クラファンは全員が成功するものでもありません。でも、メグミさんは当初から「失敗してもやり遂げる」と決めていたそうです。

メグミさんの言葉の中にあった「決める」という行為が重要な気がしました。

それは「覚悟」なのでしょう。

「それで生きていく」という覚悟が、心柱になるのです。

他の仕事と掛け持ちしている時はツラかったそうですが、今は家族も自分も大切にしながら旅もできて、本も書ける人生になったそうです。

好きなイラストを描いて、みなさんに喜んでもらって、出版を楽しみに待ってくださる人がいる幸せを「神さまノート」でお返ししたいと、メグミさんは寺社を1社1社、自分の足でしっかりと調べ、取材して歩いています。

「神様の思いや神社にある歴史を残したい」

そんなメグミさんの想いを聞いた私は、彼女は日本の心の継承者だと感じました。本が完成すると、お礼参りをしながら手渡しで神社へ本を届けているそうです。とんでもない時間と見えない労力がメグミさんの「推し活」であり、神様への感謝の表しであると思います。

『神さまノート』を通して、日本に生まれて良かったと思ってほしい」

少しでも神様や神社のお役に立ってお手伝いしたいと願う心は、無数の縁の糸となってメグミさんと結ばれています。

「多くのご縁に支えられてみんなの思いも背負っていると感じる。私は『神さまノート』を介して、多くの方に〝知らせる〟お役割なのだと覚悟ができた」

優しく真っすぐな瞳は、静かに燃えていて、私はメグミさんの「心柱」を見ました。

応援される人は「心柱」を持っていて、その御柱が立つ時、運の動く速度が上がり加速すると、メグミさんから学びました。

その後、メグミさんはメディアに取り上げられて紹介されたり、「神さまノート」のご縁で多くのファンも増えたりして、〝メグミさんのお役割〟を応援する人が周囲に集まっています。

これも素晴らしい運の動き方であり、広がり方です。「神さまノート」がメグミさんの住む市の小中学校の図書室にも置かれることになったと聞いた時、〝伝承〟のお役割も担ったのだと感じ、自分のことのように嬉しかったです。

心柱を持った人の次の役割は〝伝承〟

私自身、自分の志が定まって心柱が立った時、出雲大社の正式参拝が決まりました。

神様の前に立ったとき、説明はいりませんでした。

神様はすべてご存じで、私の心柱を静かに受け取ってくださりました。

「私は神様と人が両思いになる世界を目指します。そして日本の心を伝えていきます」

私が預けた柱の未来を神様は見せてくれて、より強く志を固めたことを覚えています。

やはり私も、そこから運のスピード感が増して、仕事もどんどん決まったり予想以上の展開があったりして、大きな変化を感じました。私の志に神様の後押しが入ったと体感する運のスピード感であり、神様の応援に応えていきたいと心に火が灯りました。

「私のできることで、神様のお役に立ちたい」

昔の自分では考えられない思いが湧き出ていることに、正式参拝で気づかされました。

今の私は、神様と協力してワクワクする未来を作り上げたいと本気で思っています。日本の素晴らしさや神様の世界を伝えていくことにお役割を感じていますし、今後は神様アートだけではなくさまざまな活動も入ってくるでしょう。

あなたの運のスピードを加速させるのは、間違いなく「心柱」です。

あなたがワクワクすることは何ですか？ それが「心柱」に気づくサインです。

3 若返る

「全然変わらないね」「いつも若いね」

そう言われるようになった人はいませんか？

私の知り合いで、20代の頃より若いと言われている50代の人がいます。

私も手前味噌ですが、「若い」と言われるほうです。確かに昔のほうが老けている印象の写真がいっぱいあります。

これも運が良くなったから？ 運が良くなると若返るって不思議ですよね？

神社仏閣を参拝する方の平均年齢は、調べなくても想像できます。若い方もいらっしゃいますが、圧倒的に中高年以上です。

神社仏閣ファンの私は、400社以上参拝しているので神社やお寺の立地にも詳しくなりました。はっきり言って「山あり谷あり」です。平坦な場所もありますが、ものすごい階段があったり、時にはロープや鎖で登るお社《やしろ》もあります。〝参拝〟という名前の〝登山〟を何度も経験しました。奥宮となれば、行き道だけで山道を3時間も歩く場所だってあります。

神様に会いに行くためには、時に体力的に大変なこともありますが、そのために日頃から体力をつけたり、健康でいようと意識したりします。その結果として、体も見た目も若返るのかもしれませんね。

体験の共有はご縁結び

とても心地よいご縁結びを、偶然のように神様は用意してくださっています。

案内してくださる方、同じ日に参拝した人、助ける人、助けられる人……みんな同じ思いで参拝を共有して通じ合える場所が、神社やお寺であるとわかりました。

そして、そんな交流がやっぱり楽しいのです。だから遠くても、どんなに道が厳しくても、参拝したいと思うのではないでしょうか？


「歩けるうちは登りたい」

そう思って事前にトレーニングする方もいます。旅先の神社仏閣に参拝するのを楽しみに、日々体を鍛えたり整えたりする行為は「健康作り」です。

どんなに運が良くても、健康でなければできないこともあります。健康であることは何より運が良く、運を動かすパワーになると思います。

心も体も健康になると、若々しくなるのも当然なのだと感じました。80歳くらいのおじいちゃんにどこかの参道の階段で抜かれた時は、「鍛えなきゃ！」と励みになりました。元気なシニアさんって素敵ですよね。

たとえ病気が見つかっても、神社に通うことで自分の病気と向き合っている人もいると思います。

今、本書を書きながら、私も病気と向き合っています。

お医者さんから伝えられる確率やら数字やら聞いても頭に入ってこないけれど、できるだけ健康を維持して大好きな神社に通いたいと思っています。

魂の乗り物である体を大切にしなかったことを反省してもしきれませんが、だからこそ丁寧に生きる時間を味わっています。

心と体の浄化は健康に繋がる

病気が治る見込みがなくても、神社を参拝する人がいらっしゃいます。

その行為は、無駄なのでしょうか？

いいえ、無駄ではないと思います。

そういう方に、時々、神社で巡り会ってお話を伺うときがあります。

病気を通してその方は、多くの学びをしていらっしゃるとおっしゃいました。健康な人が気づかない世界を見て、健やかであることが当たり前ではない世界を感じることができる自分に「成長した」と感じているそうです。

また、病気の痛みや苦しみと闘いながらも「大切な人たちを守ろう」と神社に通われる方がいます。残していく人たちが幸せであるよう神様にお願いしていると聞いたとき、病気が治ることはもちろんですが、願いに込められた愛の深さが胸に刺さりました。

病気の家族を持つ人も、同じ愛でその方の平癒を願います。

病気はないほうが良いですが、病気になったからこそわかることがたくさんあることも知りました。限られた時間を慈しんで過ごし、喜びだけでなく、悲しみも苦しみといった黒い感情も見捨てない生き方を、神様は見てくださっています。

神社を参拝する理由はさまざまですが、〝結果的に〟健康になっていく人が多い気がします。参拝で心も浄化されますから、「身も心も健康になる」効果が神社参拝にはあるのでしょう。

神様を大切にして感謝して生きていられる方は、不思議と若々しい方が多いです。統計学でも何でもありませんが、私の周りだけでも相当、当てはまる方々がたくさんいらっしゃいます。どんどん若返るような感覚や昔の写真より若く見えるのも、神様を応援して感謝して開運した人の特徴だと感じています。

私自身も笑顔の写真がまったく変わりました。太ったせいもありますが、「福々しい笑顔」になりました。

眉や目尻が下がって、ほっぺが丸くなって、艶が出てくるお顔になってきたら間違いないです。それは開運顔になっていますよ。きっと魂も丸くなって、艶々と若くなるからでしょうね。

4 出会う人が変わる

運が良くなっていくと物事のタイミングやシンクロが合ってきて、若返ります。

その次は、出会う人が変わってきます。

これも運が上がっているわかりやすい特徴のひとつです。

たとえば、「え？私でいいのですか？」と思うような仕事の依頼や引き合わせが起こり始めます。

さらに、少し前の自分だったら出会えないような人に出会えるようになり、一気に運の流れが速くなると感じるようになります。または、偶然に出会ったと思っていても、のちに仕事のパートナーになることもあります。

偶然ではない、導きを感じる出会いが多くなり、出会った瞬間にそういう相手だとわかるようになるでしょう。出会いにワクワクを感じる自分になれることも幸せなことだと思います。

◆◆◆case.3　神様のお手伝いをする書道家絵師　松尾由里子さん　神数9

お寺で出会った松尾さんは、世界的に活躍する「書」と「絵」の両方を手がける書道家絵師。ご本人は、明るい笑顔と黒髪のロングヘアが魅力的な方です。実力も素晴らしく、書道では十段にまで登りつめた実力の持ち主です。

作品を展示したり販売したりする活動の傍ら、神社での書画奉納や書道パフォーマンスなど、「神様のお手伝い」を、書道を通して始めたことがきっかけで、どんどんご自身の環境が変化したそうです。

「無になる時は神様と共に書いている」

筆を持って白い紙と対峙した時、究極の無の世界が広がるそうです。

白と黒の世界は、まさに「陰陽」の世界。相反する2つの世界が、書によって融合し、その筆先に神様が宿ると感じる時があるそうです。それは、何かを生み出す時に、想像以上の力が働いているのを感じるからだと思います。作品のアイデアが降ってくる瞬間も、自分の力では書けないような大作も、「神様との共同作業」だと感じたそうです。

細くて華奢な方なので、ダイナミックな動きや巨大な作品を生み出せる体には見えません。でも、筆を動かす背中に「神様」を私も感じました。

書道の持つ「静と動の世界」は、神様の和魂《にぎみたま》（優しい面）と荒魂《あらみたま》（激しい面）の両方にとても似ていて、私は松尾さんの魂にそれを感じるのです。

「利他の心を大切にしている」

と、松尾さんは教えてくれました。神様にたくさん応援してもらい、たくさんのご縁をいただいたからこそ、「ご縁結び」を周囲にお返ししているそうです。授かった多くのご縁の中からお仕事を紹介したり仕事相手をマッチングしたり、それぞれの良いところを活かし合えるよう「お繋ぎ役」をしているなんて素晴らしいですね。

海好きな松尾さんは、こうも言っていました。

「海でダイビングもするから、恩返しに海のごみや道端のごみも拾っています」

これは「隠徳」です。つまり、人知れず「徳」を積むことを言います。

ご縁つなぎが「陽徳」ならば、ゴミ拾いは「隠徳」。松尾さんは、無意識に陰陽を整えて、真ん中の中庸《ちゅうよう》を生きていらっしゃる人でした。

「日本の神社仏閣を人の集う場所として残していきたい」

そのために自分ができることで神様にお仕えしていきたい、とお話ししてくださった松尾さんの瞳は、きらきらとして美しかったです。

松尾さんは書画を通して、海外にも「日本の心」を伝えていく活動をされています。また、日本の小中学校にも書道の指導に行き、未来の子どもたちへも書道の文化や楽しみ方を教えています。実際に、子どもたちの笑顔に囲まれた松尾さんの笑顔は、最高に輝いていました。

「素敵だなあ！」

ますます活躍するステージが広がって、白と黒の美しい世界を魅せる方になるだろうなと、私がワクワクしました。松尾さんの持つ筆こそ、松尾さんの「心柱」だと感じたからです。

その心柱の筆から生み出される文字を見た人の心を震わせ、出会いの輪もどんどん波紋のように世界中へと広げていくと確信しています。心柱を中心に、思いは無限大に広がるのです。

松尾さんが出会ったことで人生を変えられた人がいるように、松尾さんに出会って人生が変わる子どもたちもたくさんいるのだろうと心から思いました。

5 天命に気づく

1から4の段階を上がっていくと、最後の「天命に気づく」ところにたどり着きます。

天命とは「天から与えられた命または時間」です。

「自分の命」の意味ともいえるこの言葉は、とても難しい言葉です。きっと長い時間をかけないと理解できないのだろうと、私も思っていました。

天命をどうやって説明しようかと悩んだ時、お世話になったお寺のご住職様を思い出しました。

ご住職様は、

「『天命』という言葉は仏教では使わないのですが、心の中にすべては存在するのです」

と教えてくださりました。

「ないものを外に求めるのではなくて、すでに持って生まれているのです」

「才能……ということですか？」

「一人ひとりが〝持って生まれた〟ものに気づくことから変わります。気づいても今の自分では無理だと感じたら自分を磨くしかありません。自分が磨かれることで、成長し、それにふさわしい自分になれます」

「持って生まれたものを磨く……」

「じっと待っていても始まりません。とにかく動くことです。動きながら調整すればいいのです。自分が磨かれれば、人のために使える才能になります」

「なるほど。動きながらでもいいのですね」

「そうです。そして、笑いましょう」

「笑い、ですか？」

「笑えることは幸せなこと。人しか笑えません。笑うことは幸せになるためには必要なことなのです」


ご住職の言葉を聞きながら、腑に落ちる自分がいました。

「持って生まれた」には理由があります。この世で何をしたいのか考えるためにいくつもの才能を、生まれる時に私たちは〝持ってきた〟のです。これは、特別な才能だけを指してはいません。

人より少し得意なことや好きなこと、サポートやリーダーや応援などその人が大好きだと思えること。そして、誰かのために役立つ力になる種のようなものです。

天命とは探し出すことではなく、持っている才能を活かすこと。

持っていたと気づかないことには始まらないものだ、とわかりました。

天命を理解した人が、

「自分にできることがあったら役に立ちたい」

と思うようになるのは、得意が磨かれて自信になるから湧きおこる感情だと、取材を重ねてわかりました。

時は、刹那なり

これは、出雲大社の対になっている美保神社（島根県松江市）を参拝した時の話です。

両方参ると〝両詣り〟になって運気が上がるといわれています。

美保神社はえびす様の総本宮であり、大国主様のお妃神「三穂津姫《みほつひめ》」様がいらっしゃいます。

三穂津姫様は、天津神として高天原（天上の世界）から、地上の神である国津神の大国主様にお輿入れした姫神です。三本の稲穂を持って地上に降り、大地に豊かな実りをもたらし、人々の暮らしを守った女神様です。

美保神社の拝殿で手を合わせると、ちょうど巫女舞が始まり、最前列で見ることができました。

その時に、三穂津姫様からいただいたお言葉が、「時は刹那なり」でした。

三穂津姫は、クールビューティーで、とても美しく責任感が強い感じがします。「タカムスビの神」という宇宙を創った神様の娘神だからでしょうか、高貴な雰囲気が漂っています。

美保神社は二度目の参拝でしたが、温かく迎えて喜んでくださいました。

そして、

「人の時間は神の時間より短い。惜しむというのは昔を思い出すこと。あの時やっておけば良かったと思うのか、やって良かったと思うのか。

「後悔しない生き方をして、時間を大切にしなさい」

とも教えてくれました。


「刹那」とは、きわめて短い時間、瞬間を意味し（言語由来辞典）、漢訳は「念」です。

人の命は、神様に比べたら星の瞬きのような時間なのかもしれません。

明日、どうなるかなんて誰もわかりませんし、同じ時間がずっと続く保証もありません。どんなにお金を持っていても、「時間」だけは買うことができません。

漢訳の「念」も、「今の心」と書きます。ここからわかるように、心に在ることを「表現」することがキーワードのような気がします。

伝えたい思いが溢れてきた時こそ、運命も動き出す時なのでしょう。

「自分にはそんな思いなんてない」と、がっかりしないでくださいね。

これは「死ぬまでにしたいことリスト」に似ていると思っています。

人は、死ぬ間際に後悔する人が多いそうです。

末期の病の患者さんにアンケートを行い、「やり残したこと」をリストアップして本にしたものを、書店で数多く目にするようになりました。

ということは、この類の本が売れる理由として、「後悔したくない」とみなさんが思っているからではないでしょうか？

損得ではなく、「後悔しない生き方」を全員が望んでいると感じます。

そんな生き方をするために、「時間」を大切しなさいと、三穂姫様は教えてくださったのでしょう。

美保神社の目の前は、港です。それぞれの船で私たちは人生を旅しています。

命が終わる時、「いい旅だった」と思える人生こそが、魂が求める生き方なのではないでしょうか？

港まで続く参道を歩くと、潮風が優しく体を撫でてくれます。

「また来ます」

思わずそんな言葉が口に出た私にとって美保神社は、心の港のような神社のひとつであり、優しく力強く背中を押してくださる場所です。姫神様の応援を背に、大きな一歩を踏み出せた思い出深い場所でもあり、今回も次のような大切な言葉をいただいた参拝になりました。


後悔しない生き方をすることが「天命」を生きる姿である。

6章◆推し事のススメ

神様を応援すると運命が変わると、最初にお伝えしました。あなたの開運の段階も、大体おわかりいただけたと思います。

では、もっと開運の速度を上げたい人や、魂のステージをUPしたい人のために、どうやって神様を応援したらいいのかを、この章ではお伝えします。

もっと自分らしく生きて開運の段階を上げたい人には、やっぱり「推し事」です。

ここでは、香坂流、「推し事のススメ」をお話ししましょう。

楽しく推し事をして、神様と仲良くなっていくほどに自分らしい生き方が開けていきます。

推しとは？

推しの存在＝イチオシしているもの・人

情熱を注いで「推し」を応援する活動を、**「推し活」**といいます。

推しの存在は、二次元～三次元と幅広く、鉄道や建築物、アニメや実在の人物など、分野は多岐に渡ります。

マイペースに応援するファンは「○○推し」というカテゴリーに入り、さらに熱烈なファンになると「○○担当」という役割まで発生します。

誰かに紹介したいほどの〝愛〟、つまり〝好きより強い愛〟を活動として表現することが「推し活」です。

グループを応援する人を「箱推し」、推しを変えることを「推し変」、推している人を総称して「推しピ」（推しピープル）というそうです。

そんなさまざまな推し活がある中でも、最大限の推し方を「神推し」と呼ぶそうです。

そしてやっぱり推し活には、「神社の応援」に通じるものがあると思ってしまいます。

たとえば、出雲大社がお好きな方は、

「出雲大社を箱推ししていて、スサノオ様の担当推し！」

みたいな感じになります。好きより強い愛が「推し」であり、推しを広めたいと思う活動が「推し活」ですからね。

「推し」だなんて神様を敬わない言い方だと思われるかもしれませんが、わかりやすい例として使っています。神社に関われる特別な人だけではなく、全員が神様を応援する気持ちを持って参拝してくれたら素晴らしいと考えているからです。

推しを応援する具体的な活動を「推し事」と呼びます。

◆推し事8か条

1 推しに会いに行く ～ライヴや舞台を応援する～
2 推しを身に付ける ～グッズで愛を示す～
3 推しに触れる ～一緒に歌う・踊る～
4 推しの聖地巡礼する
5 推しのカラーに染まる
6 情報取集・交流会を行う
7 推しを勧める
8 究極の推し事

こうした推し事を、個人でやったりチームでやったりするなんて楽しそうですよね。

同じ推しの応援をする人を「同担」といい、宝塚や歌舞伎のご贔屓さんとも似た風合いを感じます。

ファンや支持者がいてこそ存続する文化は、多くの推し活で成り立っているといえるのだと思います。まさに、神社とそっくりじゃないですか？
氏子さんや崇敬会も、神様や神社を守り、応援する素晴らしいチームですから。

❖神様と推し事

もう少し、推し活を紐解いて、神様の応援の仕方を説明しましょう。

神様への応援は、神社に参拝したことがある方は、すでに「推し事」をなさっています。それが応援に値するのかどうか、意識していないだけです。全部やりなさいという意味でもありません。自分に合った推し方を知っていただきたいのと、もっと参拝を楽しんでほしいと私は思っています。

言い方や表現がバチ当たりと思われる方がいらっしゃるかもしれませんが、神様は純粋に応援したい人に罰など与えません。バチが当たったと感じるのは、自分の中の「後ろめたさ」が表面化したからそう思うだけで、神様は怖がる存在ではないと思います。

できるだけ現代の人にわかりやすく説明するのも、私の推し事だと考えています。

もともと「神事」とは、「神様と遊ぶ」ことが始まりです。

神様に穀物の実りを捧げて、一緒に飲んで食べて踊ったことが「神楽」であり、神様と楽しむ時間は、神様と繋がる「あそびの時間」といいます。また、人が酔いしれて踊る「あそびの時間」に神が宿るといわれていました。

格式や決まりがなかった時代は、もっと自由で開放的な神様との繋がりを皆が持っていました。神様と繋がることは特別な人だけでなく、全員ができると私は考えています。

神様を応援するほど、人生が好転していく体験を、私自身が経験しました。私は1年前とまったく違う人生を歩んでいます。

それは、あなたにも同じように起こることだと思います。もし一つでもやってみたいことがあったらぜひ、やってみてください。きっと神社参拝が今まで以上に楽しくなると思いますし、神様をもっと身近に感じられるようになると思いますよ。

ずっと好きな神様や大切にしている神様がいらっしゃったら、その神様に対して推し事をしてください。

特にいない方はどうしたらいいかというと、2章で算出した「神数」から、ご縁のある神様を、ぜひ応援してください。

❖「推しがいる人」「いない人」

応援する神様を少し絞るだけでも思いの伝わり方が違ってきますし、ご縁のある神様とは相性が良いので、運の動きも早いと思われます。

神さま数秘術を教えていると、生徒さんが自分の神様を知って喜ばれ、その神様がいらっしゃる神社を参拝したと報告をしてくださります。愛着を持って「特別な繋がり」を感じてくれたから、そこにご神縁が生まれたと感じています。

神数の神様は、生まれた時から見守ってくれている神様ですから、仲良くなるほどに通じ合えると思いますよ。

（※「神さま数秘術」の「神数」算出方法は23ページをご参照ください）

ここからは、アイドルの推し活に当てはめながら、神様への具体的な「推し事」をお伝えしたいと思います。

推し事1 「推しに会いに行く」
～ライヴや舞台を応援する～

◆神社参拝をする

アイドルのコンサートや握手会に行くのと同じで、好きな神社や好きな神様に会いに行くのは、リアルな対面をする嬉しい時間です。

推し活上級者は、「特別神事」や「お祭り」に参加して、より強い御神縁を結びます。

「縁日」も、まさに神様と強い縁が結ばれる日だから「縁の日」なのです。

時間をかけてもお金をかけても会いに行くという気持ちを、神様は大変喜んでくださいます。

さらに、ご祈祷は個人的に一対一になれる時間であり、より神様にお近づきになれますね。

その最高峰が「正式参拝」といえます。


毎日の散歩の途中で神社をお参りするのも立派な推し事です。日々の積み重ねに勝るものなしで、神様も必ず見てくださっています。

参拝に上下はなく、心の積み重ねが一番大事です。困った時や悩んでいる時も、参拝することをおススメします。

神社の清められた空間を歩くだけでもいらない思考が浄化されて、気持ちがスッキリしますよね。神様に手を合わせていると、自分が本当に進みたい方向がわかることもあるでしょう。

★推し事のススメ「特別な日でなくても神社を参拝しよう」

推し事2 推しを身に付ける ～グッズで愛を示す～

◆お守りを持つ

カバンに、アイドルやアニメの推しキャラの缶バッチやキーホルダーをたくさんつけている人がいますね。

これは推しをアピールする方法ですが、**推しをお守りのように身に付けている**ことになります。いつでも推しを感じて一緒にいる気持ちになれますよね。いつも目にすることで、推しから勇気や元気をもらっているのです。

神社に行くと、「お守り」を授かりたくなりませんか?

私は、お守りのデザインや神社ならではの珍しいものが大好きなので、授け所は必ず立ち寄ります。

お守りは「買う」ものではなく、**神様のお力を「授かる」**ものです。お守りはお札が小さくなったものなので、数え方も「一体」と数えます。最近は、お守りの種類も増えているので、見るのも選ぶのも楽しいです。

私がよく選ぶものは「その土地のエネルギー」が入ったものです。お守りですから、心願成就や病気平癒、金運など、御神徳で選んでまったく問題はありませんし、そのように祈願されていますから必要な方は授かっていただきたいと思います。

基本、神社にあるものは持ち帰りが葉っぱ1枚でも憚《はばか》られるといわれます。

（※偶然、木の葉や木の実がカバンに入ってしまったものは神様からのお土産です）

だからこそ、「お守り」として持って帰れるようにしてくださっているのです。

「水」「土」「木」「種」「花」「塩」「米」など、ご神域のパワーを御守りとしてくださるのは、神社のすごいサービスだと思っています。

神様は自然に宿りますから、自然の力が入ったお守りは長く御神気を留めるものとしておススメです。

ご神域の倒れた樹木をお守りにしている勾玉の形の「高千穂神社」（宮崎県）や、神職以外立ち入り禁止の神島の水を入れた水守り「宗像大社」（福岡県）は、貴重な御神気を持って帰れるおススメのお守りです。

ほかにもありすぎて紹介しきれませんが、ぜひ土地のエネルギーを宿したお守りもお迎えくださると嬉しいです。


お守りですから、身に付けたり目にするたびに、「安心感」を得ることができます。

お願いが叶えば、「いいお守りだよ」と誰かにお伝えしたくなりますね。

どこの神社のお守りがいいかわからない時は、自分の神数の神様がいらっしゃる神社のお守りが良いですよ。

◆お守りをいただくのは「招待状」

参拝のお土産にと、お守りをいただくことはありませんか？

何気なくいただいたお守りでも、「神様とのご縁」が生まれています。

いただいたお守りは「招待状」だと、私は思っています。


もうすでにお守りが、神様にお会いするお約束を繋いでくれているのです。お守りのパワー期限は約1年なので、その間に参拝するのはとても良い行為でしょう。神様とのご縁をお守りが繋いでくださっていますから、お礼参りになります。

感謝から始まる参拝は、なお素晴らしいですからね。遠すぎて行けない場合は、同じ系列の神社や近くの神社にお返ししてお礼をしましょう。それでも充分、感謝は神様に届きますから。

★推し事のススメ「ご縁のある神様のお守りを授かってみよう」

推し事3 推しにふれる ～一緒に歌う・踊る～

大好きな人がいたら、会いたいし一緒に何かしたいと思いますよね。推しがアイドルならコンサートやイベントに出かけて一緒に歌ったり踊ったりするのは、最高に楽しい時間だと思います。

大好きな人と一緒に何かをするのはファンにとって、「同じ空気が吸えた！」と歓喜する瞬間ですね。体験を共にできる時間はこの上ない喜びの時間であり、素晴らしい思い出にもなります。

同じように神社でも、神様と一緒に触れ合えるさまざまな経験ができます。

◆お祭りに行く

神様と一緒に盛り上がるといえば、やっぱり「お祭り」ですね。

お神輿や屋台など、私も子どもの頃はそれが楽しみでした。

全国にはいろいろなお祭りがあって、山車を高速で走らせてぶつけ合う大阪のだんじり祭りや、美しい時代絵巻の京都の葵祭など、大勢の人が神様との時間を楽しみます。

長野県にある戸隠神社の7年に一度の大祭を見に行ったときでした。

親子の神々が7年に一度、再会するお祭りで、神様がお神輿に載って道中を練り歩きます。雅楽の演奏と共に時代装束に身を包んだ地元の方が、長い行列を作って神様を運ぶ様子はとても神々しく、神様の存在を強く感じました。

「神様なら自分で移動できるのに、なぜお神輿に載るのだろう？」

と、私は素朴な疑問を持ちました。

すると、お神輿が私たちの前でピタリと止まりました。休憩で止まったのですが、その時に、

「ああ、神様は人と楽しまれて、人に合わせてくださっているのだ」

と、一瞬でわかった体験をしました。


神様はお祭りをとても楽しみにしていて、人々がする祭り方に合わせてくださっています。

そして、お祭りという機会で神様を思い出し、敬うことで人々の感謝の心が集まって、神様のお力を高めているのです。普段はご本殿の奥にいらっしゃるので、近づけない神様に間近で接することができるのもお祭りだからこそですね。

神様と人が協力して行うお祭りには、大きな意味があると感じます。コロナでお祭りがなかった時期は、日本も元気がなく、ずっと低迷していたような気がするのは私だけでしょうか？

日本の元気と神様のお力はリンクしているように感じてなりません。

◆奉納に参加する・観る

奉納とは、神様へのお供えを意味します。金品に限らず、芸能や競技、演奏、行事、舞踊、相撲、弓道など、さまざまな奉納スタイルがあります。個人でする方もいれば、団体でする場合も

あります。

絵馬は、元々は「本物の馬」を奉納して祈願したのが始まりです。簡略化されて板状の物に願い事を書いて納める今のスタイルも、「奉納」の種類に入ります。

ちなみに「寄進」とは、自ら寄付することをいいます。神社仏閣を維持するために氏子や檀家、地元企業などが主体となって寄付する活動です。参拝のときの「お賽銭」も自らする行為なので、広い意味では「寄進」に入ります。

「勧進」とは、人から勧められて寄進することをいいます。歌舞伎で有名な「勧進帳」は、焼失した東大寺を再建するために弁慶たちが寄付を募る旅をしていました。寺社の素晴らしさを伝えて寄付をお願いする行為をいいます。

さまざまな奉納活動が全国でされていますが、私が見た究極の奉納を二例ご紹介します。

1つ目は、茨城県常総市の一言主神社で行われた【武道奉納式】です。

◆◆◆その一 ―― 武道奉納式 ―― 北辰一刀流 宗家 椎名市衛先生 ―― 神数4

「すごい！　息ができないくらいの気迫……！」

坂本龍馬が学んだといわれる「北辰一刀流」の宗家でいらっしゃる椎名先生の演武は、〝人を超えている〟と、剣の世界を知らない私でもわかりました。

「剣と神は一体である」

神様と剣のことを伺ったとき、宗家が答えてくださりました。

剣は、古くから神様との強い繋がりがあります。剣をご神体として祀る神社も多くあり、歴代の武将や名君も刀剣を神社に奉納しています。神社の宝物庫にも必ずといっていいほど刀剣が納められていますね。天皇家を象徴する「三種の神器〈鏡・勾玉・草薙の剣〉」の一つは剣。剣は神話の時代から神様の道具として神聖視されてきました。

「あなたの命とはどこにあるのかね？」

11歳から剣を始めて、約60年もの長きに渡り歩んだ剣の道。椎名先生は、さまざまな経験と鍛錬の中で北辰一刀流の宗家になる生き方を選び、多くの門下生を育ててきました。

やさしい白髪の紳士でいらっしゃいながら、

真剣に語りかけてくださる瞳は少年のように光っています。

「たとえば、胴体と腕が切り離されたとする。あなたはどっちにいる？」

そう聞かれた私は、

「胴体です」

と答えました。すると宗家は、

「では、胴体を上下で切られたらどちらにいる？」

「上側、だと思います」

「首を切られたらあなたはどこにいる？」

命の場所……心臓のある胴体？　頭？

「……頭だと思います」

私の答えに宗家は頷くと、

「そうだ。人が死ぬ時は、精神が死んだ時だ。命とは『精神』であり『意識』。剣の中にも『生死』がある。だから心（意識）が生きていなければ剣も死ぬ。私が言った、『一体』とは神と人の心が重なり合う生き方。神の心に添った生き方だ」

スパっと真剣が竹を切るような明確な答え方に、目が覚めるようでした。

心臓で生きているのではない。

人は「意識」が「命」なんだと、改めてはっとしました。

その意識の中にもう一人の自分である「内

側の神」がいると、宗家は言います。

「剣の道とは、際限ない。剣は、断ち切るものでもあるが貫き通すものでもある。

気づいたものだけが、追求し、成長し、自分を満足させられる」

あの武道奉納式の日を思い出しました。宗家は真っ白な道着を着て、神様の前に立っていらっしゃいました。お弟子さんの演武のあと、宗家にしかできない演武を披露してくださったのですが、息がつまるほどの気迫は、会場を凪いだ海のように静まらせました。荒々しいのに神々しい姿は、人を超えた姿だと思えたのです。

「奉納とは、ここまでできるようになった成長の姿を神様にご覧いただくもの。私の身体を通して神様の伝えたいことを伝えていく」

と、宗家はおっしゃっていました。

武道を通して「人生の素晴らしさに気づいてほしい」と大らかに笑う宗家の笑顔が、本当に少年のようで若々しかったです。

武道の稽古の前には、必ず場を清めるために掃除をして雑巾がけをし、香を焚いて空間にも気をつけるそうです。言葉遣いや仕草も正しくし、神様に対し無礼がないように細心の注意を払います。

「心が正されると素直な自分になる。欲が消える。忘れていた自分の中の神を思い出すのだ」

宗家の言葉にはたくさんの教えがありました。忘れていた自分の中の神様を思い出すことで、「神の心に添った生き方」を目指すことができます。とても難しそうだけれども、シンプルな生き方を、宗家は今も歩んでいます。見習いたい美しい道だと思いました。

◆◆◆ その二 ―― 弘法大師様への献香 ―― ひふみお香アカデミー代表　椎名まさえさん ―― 神数8

二つ目の奉納は、北辰一刀流宗家の奥様でもあり、お香の先生でもある椎名まさえさんの献香です。

まさえさんに私もお香を教えていただいた経験があります。天然の素材にこだわった和のお香からハーブを使ったお香まで、手作りできるのが魅力で、「香司」を全国で育てていらっしゃいます。

最近では海外でもお香の人気が高まり、海外でのお仕事でも活躍されています。

弘法大師が開いた高野山でご夫婦揃って、武道奉納式と献香をされたと伺い、「献香」というものを始めて知りました。

献香が決まった時は、まさえさんが、お香

の道に入られてその道で生きる決意を告げるタイミングだったそうです。まさえさんは、アロマの講師をずっとされていましたが、お香の持つ精神性の高さと歴史の深さに心打たれてお香の道を本格的に目指されました。

高野山での献香のためにまさえさんが調香したお香の名前は「曼荼羅香」。お香にも「香道」というものがあります。剣道のように「道」がある世界がお香の世界にもあると知りました。

「香は、魂の深いところまで届いて運命を変える力があります」

と、まさえさんは教えてくれました。

「運命……?」

「お香は香りが儚《はかな》い。ずっと続くわけではないけれど、その儚さを日本の武将は愛しました。香は、武将の心を表し、散る時まで格好よく生きる〝嗜《たしな》み〟であり〝理想の姿〟を表現していました」

お香の歴史は古く、エジプト時代には神に捧げるものとして毎日の儀式で使われていました。仏教の伝来でお香は日本に広まり、平安時代は貴族の文化として、戦国時代は武士の嗜みとして長い歴史を持っています。

「香りは不思議でね、魂の奥に届くから日本人の心を思い出すの」

「嗅覚が記憶と結ばれているのですか?」

「昔の人はもっと嗅覚が鋭かったはずだから、そうでしょうね」

現代人にとって一番劣っている能力が「嗅覚」だそうです。縄文の時代など定住しなかった頃は、嗅覚が発達していたと思います。雨のにおい、風の湿り気、動物や植物のにおいなどを嗅ぎ分けて暮らしていました。

嗅覚は「危険」を察知する力でもあり、脳に強い影響を与えていると考えられますね。

お香は嗅覚を高める効果や魂の癒しのほかに、神様と繋がる効果もあると思いました。

日本人は、香りに精神や思いを託す文化を持っているので、神様に対しても感謝や届けたい思いを「香り」にして届けていたと思います。

今でもお寺ではお香は欠かせないものですし、私たちが日常で最も使う「お線香」もお香です。お香は、神仏やご先祖様に対する愛であり感謝の表れでもある素晴らしい文化だと思いました。

思いを「カタチ」にして捧げることも奉納であると、お香を通して学ぶことができました。

★推し事のススメ「お祭りに参加して神様と楽しもう」

推し事4 聖地巡礼

聖地巡礼は元々、宗教における重要な場所を信者が巡ることをいいます。古くから世界中で行われていて、ここ日本の中にも数多くあります。

一番有名なのは、「お遍路《へんろ》」でしょう。弘法大師様（空海）が修行した88の霊場をたどる巡礼を「お遍路」といい、巡礼する人を「お遍路さん」と呼びます。それがいつしかアニメでも同じ言葉が使われるようになりました。

「聖地＝物語の舞台」

になっていて、旅行の目的地になったり、秘境でも多くのアニメファンが訪れたりと、観光の名所になっています。

神社好きの聖地といえば、神話の舞台はもちろんですが、「奥宮」参拝を挙げたいと思います。山がご神体だったり滝がご神体だったりする場合、「奥宮」（奥社・上社）としてお祭りされることがあります。中には、簡単に行ける場所ではない危険な場所もあります。山頂を奥宮とし、山裾に本社を置く神社も多いですね（本宮・下社）。本殿を移築した場合、旧本殿を奥宮とした神社もあり、「元宮」と呼ぶ場合があります。

例として、富士山の頂上には浅間大社の奥宮があります。

その本宮は、静岡県にある富士山本宮浅間神社です。頂上まで行けない人は「遥拝《ようはい》」ができます。遠くから奥宮を拝することができるシステムが昔からあったわけですから、素晴らしいですよね。遥拝は、富士山だけではなく全国にある、ありがたい参拝システムです。

富士山もトレーニングしていつかは行ってみたい奥宮ですが、時間も体力も必要です。困難な準備してでも参拝したい奥宮は、推し活の中でも「聖地巡礼の最高峰」だと思います。

ほど、推しへの愛がなくてはできないチャレンジだからです。

私が今まで目指した奥宮でなかなかのアドベンチャーだったのが、秩父の「三峯神社」の奥宮参拝です。

雲取山、白岩山と並び三峯三山の一つである標高1329mもある妙法ケ岳の山頂に鎮座する奥宮へは、片道約1時間30分、早くても往復3時間はかかります。ハイキングとはいえない山登りです。

三峯神社は、東国平定に遣わされたヤマトタケル様を道案内した狼「山犬」をご眷属《けんぞく》（神様のお使い）として信仰しています。

山道は険しいのですが、風景が変わって目が楽しく、わくわくした登山です。まるでゲームの世界のような風景に冒険心が躍るかもしれませんが、いくつもの鳥居をくぐるたびに道が険しくなり試されている気持ちになります。

あの時は小雨が降っていて、なおさら「引き返そうか」と何度も思いました。

「もうダメ、疲れた!!」

と心が折れそうになった時、ちょうどいい木の杖が目にとまりました。

どなたかが置いていった杖かもしれませんが、小気味よいほどしなってバネのように私を支えてくれます。俄然、歩きやすくなって進みも良くなり、山頂への最後の岩山が見えてきました。

「落ちたら死ぬ！」

というほどの崖っぷちを恐々歩き、足はパンパン、お尻も痛くて……こんな思いをしてまで、なぜ奥宮を目指すのでしょう？

それは、「たどり着きたい」という一心からです。

私を助けた木の杖を「木材上人」と呼び、タッグを組んで山頂を目指しましたが、最後の岩山はチェーンをよじ登らないと行けません。この日は私の49歳の誕生日。誕生日に、なぜ岩山をよじ登るのか……(笑)。

「着いた……！　ついに来た！」

山頂にはお宮があって眼下には山々の壮大なパノラマに広がる……予定でしたが、

「ま、まっ白……」。

見渡す限り、真っ白な雲と霧の世界でした。

何も見えない白の世界は、今思えば「神々の世界」そのものだったのでしょう。

ここへ、何百年前からどれほどの人が来たのだろう?

奥宮へ来ても、神様が何か与えてくださる保証などありません。

だけど、ここを目指して何時間も歩いてやっとの思いでたどり着く過程こそ、「神様からの贈り物の時間」だと気づきました。


全国には、まだまだ行ったことがない「奥宮」があります。これからの人生でいくつ参拝できるか楽しみです。

★推し事のススメ「奥宮参拝は神様への愛である」

推し事5 推しのカラーに染まる

グループアイドルには「色」が存在します。キャラクターごとに衣装の色が決まっていて、そこから来ているのだと思うのですが、アニメキャラでも同じくイメージカラーを持っている場合が多いです。

色には波動があって、色彩学からも色の持つ意味や連想するイメージが心理的に影響を与えるとされています。

たとえば、赤はやる気が出て気持ちが上がるとか、黄色は明るい気分になるなど、人の感情に色が影響を与えている体感をしたことがあると思います。

推しキャラの担当カラーを身に付けることで、推しとの距離を縮めたり、好きな気持ちをアピールすることができます。推しにファンだと気づいてもらえるメリットもあるかもしれません。

私は、神社や神様にも色はあると思っています。

わかりやすい例だと、お稲荷さんの「朱色」や金運神社の「金色」、弁財天様の「白」など、少し挙げただけでも神社と色は関係がありそうです。神様のエネルギーにも色はあると私は感じているので、神様から感じた色を自分のアートにも表現しています。

◆神社の色

5色幕を神社で見たことはありませんか？

幕だけでなく、鈴緒に垂れ下がる布として使われることもあります。

その5色は、「陰陽五行説」から作られたものといわれています。色に意味を乗せる考え方で作られている5色幕は、大事な教えを表しているのですね。

一般的な「5色幕」の色
- ●青（緑の場合もある）
- ●赤
- ●黄
- ●白
- ●黒（紫の場合もある）

「陰陽五行説」の意味
- 青＝仁　人のために尽くす
- 赤＝礼　礼を尽くす
- 黄＝信　信望を得る
- 白＝義　正義を守ること
- 黒（紫）＝智　知識や知恵を得る

熊本県の幣立神宮《へいたてじんぐう》には変わったお祭りがあって、5年に一度、「五色人祭」が執り行われます。世界人類の祖神、五色人（青・白・赤・黒・黄）を崇め、地球全人類が互いに認め合い、助け合う和合の世界を祈願するお祭りです。五色の顔のお面がある珍しい神社です。

5色のお面は一説に、次のような意味を示しているとされています。

●青：ポリネシア系
●白：ヨーロッパ系
●赤：アメリカ系
●黒：アフリカ系
●黄：アジア人系

この場合、世界を五大陸と数えますが、世界を「5色」で表す意味があるような気がすると私は考えています。肌の色を差別する話ではなく、「5色」が世界を表す「色」だと思うと、陰陽五行と重なるため、すごいなと思うのです。

ちなみに、仏教の仏塔の五重の塔も「5」階建てです。

一番下から「地」「水」「火」「風」「空」を表すそうです。これも世界を表しています。

あなたの好きな神様が世界の何を担当しているのか、調べてみるのも面白いと思います。

神様には得意分野があって、「地の神」「水の神」「火の神」「風の神」「宇宙の神」など、いろいろな神様がいらっしゃいます。

お好きな神様の担当分野の色をお守りで選んだり、小物の色にしたりすると応援している感じがますます強まりますね。

第Ⅱ部で12柱の神様の色をご紹介しているので、ご縁のある神様の色を大事になさると神様との繋がりを強めることができます。

★推し事のススメ「神様のカラーを感じよう」

推し事6 情報取集・交流会を行う

アイドルやアニメの推し活仲間は、常に情報を交換して応援し合っています。「推し活」という言葉がない時代から、コンサートやイベントに集まった人たちの間で仲間作りや交流がたくさん生まれていました。親子二代で応援したり、家族で交流する人も少なくないと思います。また、バイク仲間のツーリングや旧車好きの集まりにも同じ熱量を感じます。

「好きなものが一緒」というエネルギーは磁石にも似ていて、ご縁を結ぶきっかけにもなっています。

◆神社ツアーは最高の交流

神社好きなら、何と言っても「神社ツアー」が最高の交流ではないでしょうか？

私も参加したことがありますが、バス会社の「神社ツアー」は楽しいです。結構、お一人様で参加される方が多いのも神社ツアーの特徴だそうです。

神社好きならわかっていただけると思いますが、行きたい神社ほどなぜか交通の便が悪い！ツアーだとバスで巡ってくれるので一気に回れてお得なのと、神社好きが集まっていますからすぐ仲良しになれます。ツアー客同士が地元の神社を紹介したり情報を教えたりと、嬉しいご縁が広がります。

ＳＮＳも発達したので、旅雑誌に載らないようなマニアックな神社を知る術《すべ》も生まれました。秘境でも行ってみたくなる神社との出会いが広がっているといえるでしょう。

〝インスタ映え〟など写真のためだけに参拝する方もいらっしゃるでしょうが、神社を守るうえで礼儀を持って参拝していただければ、参拝客は多いほうがよいと考えます。

御朱印もスタンプラリーのように集めていると、非難を浴びることが世の中にはありますが、神社の維持費への貢献をしているともいえます。マナーはいつの世も言われますので、一人ひとりが安全を守ることや神社ごとのルールに従うことを意識して、気持ちが良い参拝になればと思います。

神様はいつでもウェルカムですし、大きな愛でいつも私たちを迎えてくださっていますから。

★推し事のススメ「同じ趣味を共有してご縁を広げよう」

推し事 7 推しを勧める

推しの定義にもあった「誰かに紹介したいほど好きな様子」は、神社界にも当てはまります。普通に「あの神社が素晴らしかった。ぜひ参拝して！」と紹介する例はよくあると思います。私もよくする行為ですし、聞かれていなくてもついつい教えたくなるもの。

そこには、

「素晴らしいと感じたから同じ感動を味わってほしい」

という願いが込められています。

私が「講元《こうもと》」さんと知り合ったのは、栃木県の古峯神社でした。

「上原講?」

銀色に光るお名刺には、天狗さんの絵と「講元」と書かれていました。

◆◆◆栃木県・古峯神社　講元　上原邦夫さん　神数4

「神社に泊まれるなんて!」

そう喜びやって来たのは、栃木県の「古峯神社」。

ヤマトタケル様が主祭神で、「天狗の社」としても有名な神社です。

「宿坊」というシステムを持つ神社があります。元々は、神仏習合時代の名残で、僧侶や修行の人、参拝者が泊まるための施設でした。今は一般客に宿泊を提供したり修行体験ができたりします。神社で貴重な時間を過ごせるので、宿坊は私も大好きです。神様とお食事して神様と眠る体験が、とても心地よくて、何度でも来たくなる温かい時間があります。

そこで知り合った上原さんは、毎月数日は「参籠《さんろう》」といって、古峯神社にお泊りに来ていると教えてくださいました。

「講元とはどんなことをするのですか？」

上原さんはトラックの運転手さんをされていて、がっしりした体形でちょっぴり怖めの印象でしたが、お話しすると気さくな笑顔の方で、何よりやさしいお心を持つ方でした。

「講元とは、古峯神社のお札をみなさんの代表で受け付ける仕事です」

自分の仲間や取引先などに古峰神社をご紹介したり、年に数回のお札の受付をしたり神社と民間のつなぎ役をされている仕事だとわかりました。

「なぜ、講元になったのですか？」

「生きた証を残したいからです」

上原さんは、講元としてどのようなご縁を神社に結んだのかに関する「記録」が記載される帳面をお持ちでした。ずしりと重たい綴じ紐でくくられた和紙の帳面は、めくるとびっしり手書きで、いつ、誰がどのような奉納や祈願をしたのかが明記されています。

「私の家族や孫に残したい、私が生きた証拠なんです」

帳面の重みと読み切れない文字の数に、上原さんがかけてきた時間と思いが伝わってきました。

「初めて古峯に来たのは友人に誘われて御朱印をもらいに来たんです。私は病気も患っていたのですが、古峯に通い始めたら病気が安定してきたのです。時々が毎週になって、週末は参籠するのが日常になりました。もう何年も古峯神社1社しか参拝していません。御朱印帳も40冊を超えて色紙もたくさん持っています」

「究極の1社推しですね！」

上原さんの古峯神社への感謝の気持ちが行動にも現れていて驚きました。

「その頃、お風呂で神職さんと一緒になって、講元になってみないかと声をかけていただきました」

「へ〜！　裸の付き合い！」

偶然、神職様とお風呂が一緒になる確率は低いですし、お世話になったというご神職様も上原さんのお心や行動をきっと見ていらしたからお声をかけたのでしょう。

「ここで出会った仲間もいる。全国にいるんです！」

嬉しそうにお話ししてくださるお声に、神様の喜びの声を聞いたように感じました。

絶対出会わないような人と、遠く離れたこの場所で人生が交わる。まさに御神縁ですよね。そうした御神縁をたくさんの方と結んで、代理で参拝したりお札を取り次いだりして、人が少しでも暮らしやすいように御尽力くださっているのが講元さんなのだと、深く理解しました。

「表彰状、上原邦夫様！」

祈祷の後、上原さんが表彰されました。みなさんの前で拍手されて少し照れた上原さんの手に大きな賞状が渡されました。

「おめでとうございます。すごいですね！」

と私が声をかけると、

「いや～、3回目ですから」と、自慢するほどではないと言います。なんの表彰かと伺うと「椅子」を奉納したお礼でした。

「談話室に椅子を奉納しました。談話室は畳でしょう、足の悪い方が『椅子があれば』と仰っていて。私も病気でいつ足がなくなるかもわからない。自分のことのように考えれば自然な行為です」

……私は思わずそこで泣いてしまうところでした。確かに、談話室には積まれた6脚くらいの立派な椅子がありました。私は急いで談話室へ行って、上原さんが奉納した椅子を見にいきました。

【150回参拝記念　栃木市　上原邦夫】

背もたれにも柔らかい素材を使った上等な椅子の裏に、金色で書かれた上原さんの名前を見つけて息が止まりました。

「150回……。生きた、証」

古峯神社に通われてまだ5～6年と伺ったのに150回。

「私は、〝平穏無事〟という言葉が好きです。周囲の人が幸せであるように神社に通っている。死んでもね、この体を世の中に役に立てたい」

ドナー登録はもちろん、家族に意思表示もしているという上原さん。尖って生きた時代もあって、随分、丸くなったと語られる笑顔と厚みのある温かそうな手。

「握手、してください」

私の手がすっぽりと隠れてしまうほど、大きくて柔らかいお布団のような手でした。

「天狗さんがいたら、きっと、こんな手をしていると思います」

優れた力を持った仏僧、修験者などが死後、大天狗になるといわれますが、山で遭難しそうな人や困っている人を助けてくれるとも聞きました。古峯神社の由来にも「天狗は崇敬者に災難が起こった時、ただちに飛翔して災難を取り除いてくれる偉大なる威力の持主として広く根深い民間信仰を集めております」と書かれています。

上原さんはきっと、現代の天狗さんなのでしょう。人と神様を繋ぐ御役割としながら、大きな愛で古峯神社に来る人を守ってくださっている。上原さんがお世話になったご神職様も上原さんの活動を大変喜ばれて感謝されていました。

「感謝状は神様と両思いの証」

私は、上原さんのお姿に、神様と両想いになった人の魂を見たと思いました。美しいゴールデンループの輝きを放つ関係だと、私の目には眩しく映ったのです。

古峯の神様と出会い、助けられ、今度は自

分が神様を応援する人生へと変わった上原さんは、天命として現代の天狗さんをなさっていくことでしょう。

★推し事のススメ「好きな神社を紹介しよう」

推し事8 究極の推し事

神様を応援する最大の推し事は、「神社の再建」だと思います。
ここでは、その実例をもとにお話しさせていただきます。

◆◆◆ 神社再建のミラクル　作家　山田ヒロミさん ｜神数1

片づけのスペシャリストでベストセラー作家の山田ヒロミさんとお会いしたのは京都でした。会食のあと、神社を巡ることになったのですが、山田さんのお参りする姿に惹きつけられました。

（神様と特別な繋がりを持っていらっしゃる人だ……）

お話を伺うと、地元の神社を御守りする代表の社司をされている方でした。

「私が神社の代表になったら、台風で神社がつぶれてボロボロになった！」

「えええ！」

まさかの事態に近所の氏子さんたちも大騒ぎになったそうです。壊れたからといって、お宮に釘を刺して勝手に叩いていいものではありません。江戸時代以前の建築となれば直すのにも許可が必要だったり、多額の修繕費がかかったりします。

山田さんのお守りしている神社は古くからある町の神社で、子どもの頃から神社が遊び場だったそうです。きっと山田さんのように神社で遊んだ思い出がたくさんある人がいらっしゃるでしょうね。

「生まれた時から神社が身近にあって、生活の一部やった」

そんな神社が台風で損壊してしまい、途方に暮れたそうです。一人の力では到底無理な状況であり、大きなお金も用意できない……壊れたままのお宮をそのままにするのも心苦しい……。たくさん悩まれて、

「そうだ！　ここは神頼みだ！」

と、ある神社を参拝したそうです。

そのあと3日間、寝る前に壊れた神社がピカピカになる姿を思い描きました。すると4日目に、無理だと言われていた京都府からの補助金が降りることを告げに府の担当者が神社を訪れたそうです。

「ボロボロの神社を再建するのは究極の開運って聞いて。私だけに福が集まったらあかんと思って友人に声かけして、みんなの力を合わせようと思った」

にこっと笑う山田さんの微笑みに、やっぱり神様の光を感じました。

山田さんの人生は決して平坦ではなく、家族から引き受けた後に利息で膨らみ、一時は5000万円もの借金を背負った過去があります。さまざまな痛みや苦しみの中で「自分を変える方法」を見出し、インテリア設計士と心理学の目線からルームセラピーを考案。「空間心理」の理論を広め、個人から企業までサポートする活動をされています。

「目に見えない存在とも力を合わせたい」

山田さんが、お忙しい日々の中で神社を守り続けた理由は、自分を支えてくれている見えない存在と人が繋がれる大切な場所が「神社」だったからです。

山田さんは、かつて惰性で生きた時間を振り返り、物や人をジャッジしない自分になったと教えてくださりました。

「私は本を書くのが天命であり、伝えるのがお役割。本を介して、一人ひとりが幸せを見出せる世界や、一日のふとした瞬間に幸せを感じられる世界に繋がったらいいと思う。誰もが『私も生まれてきて良かった』って思える世界にしたい」

いいお言葉だな、と心に響きました。

「そしたらな、すごいことあってん！」

神様は、はっきりと感謝を見せてくださることがあります。

神社が再建されて足場が撤去された直後に、当時の天皇皇后両陛下（現上皇上皇后）が御用車で前を通られ、少し身を乗り出すようにしてピカピカになった神社を御覧になる美智子様と目が合ったそうです。

「びっくりしたよ～！」

それは、びっくりしますよね。きっと、山田さんのお心と活動に、神様が最大級の感謝をお見せくださったのだろうと、心から感激しました。

神様を応援して神様に応援される「ゴールデンループ」を授かって、山田さんはお仕事も活躍の場も広がり、夢をどんどん叶えて輝いていらっしゃいます。

作家として伝えるお役割を楽しみながら生きる山田さんは、私にとって憧れの人です。

「福を独り占めしない」ハートの持ち主だからこそ、愛の循環も大きいのだと感じました。

山田さんを思うと、

「one for all, all for one」（一人はみんなのために、みんなは一人のために）

という言葉が浮かんできます。

これはスポーツ業界で使われるチーム力の言葉ですが、神様と人を表す言葉にも感じます。

ゴールデンループを作る「おまじない」の言葉なのかもしれません。

神様はみんなのために、みんなは神様のために。

両思いの言葉、そのものです。

あなたの推し事は？

ここまでで、いろいろな推し方をお伝えしました。

私が出会った方々の推し事も参考になったでしょうか？

すぐにできそうなことや、到底できそうにないこともあったと思います。ただ、どれだけ奉仕したかが問題ではありません。

「神様のために何かできないかな？」

と、あなたが思ってくださっただけで、私は、お伝えした意味があると感じています。


千葉県にある麻賀多《まかた》神社を、秋に参拝した時でした。

大杉が有名な神社だけあって森も残されています。境内にはどんぐりの木もあって、上からカランコロンと石畳に実が落ちる音がしていました。

私はよほど子どもに縁があるのか、参拝時にほぼ100％の確率で、神社で子どもに会います。山の中でも出会うので不思議なんですが、その時も両手にいっぱいのどんぐりの実を持つ4歳くらいの男の子と拝殿で一緒になりました。

「どんぐりを神様にお供えしない？　きっと神様、喜ぶよ」

私の声かけに男の子はにこっと笑うと、手の中から選りすぐりのどんぐりをひとつ選び、お賽銭箱のはじっこに置きました。私を真似て手を合わせてお辞儀している姿が、なんとも可愛くてほっこりしました。すぐにご両親のもとへ駆け寄っていなくなってしまいましたが、どんぐりの艶々した光が輝いて見えて、神様の喜びが映ったようでした。

「溢れたものだけで良い」

神様がよく伝えてくださることのひとつに、この言葉があります。

ないものを無理に出すのは、神様も嬉しくはないのです。「奉賛（寄付）」というとお金を連想しますが、どんぐりをお供えした男の子のように、手から溢れる物がある時や、感謝を表したい時に奉賛はすれば良いそうです。

「これだけお供えしたから叶えてください！」では、取引になってしまいます。

神様は、取引するお相手ではありませんよね？

紅葉の美しい葉っぱ1枚でもお供えであり、庭の柿の実や頂き物など、金額に関係なく、心が溢れた時に「感謝」を形にすればOKなのです。

神社の清掃活動も「感謝」をお掃除で表しているので同じです。


最近は、災害が増えて神社の復興もままならない場所があったり、修繕をするためにクラウドファンディングで寄付を募ったりする活動もあります。声を挙げることが難しい神社の再建のために一歩踏み込んだ活動を、私も支援しています。個人でクラウドファンディングを立ち上げて神社のために頑張っている人もいます。多くの情報が届く社会になったからこそできることであり、未来の神社を支える仕組みとして成長してほしい分野です。

私の夢の推し事は、全国の寺社を巡りながら御朱印を描いて貢献することや、生まれ育った土地の神社を応援する神社版「ふるさと納税」のような仕組みを作ることです。


あなたのやり方で、神様の応援ができればきっと神様は喜んでくださります。

だから方法は、自由なのです。何を選ぶのかも自由です。

あなたの中から溢れた思いを感じたら、あなたの方法で神様の応援をしてください。

そうすることで、あなたの感謝の気持ちが神様と繫がって、永遠に回り続ける幸運の輪「ゴールデンループ」をきっと授かることでしょう。

神社という場所は、私たちと神様をあわせてくれる窓口のような場所ですから、できるだけ残していきたいと私は切に願っています。

7章◆ゴールデンループの授かり方

「ゴールデンループ」とは？

先ほど、神様と私たちが繋がって永遠に回り続ける幸運の輪を「ゴールデンループ」と表現しましたが、このゴールデンループとは「金の輪」をイメージして私が作った言葉です。

これは、神様と人の間を繋ぐ「回転する黄金の輪」を意味します。

なぜ、神様と人の間にそのような輪ができるのかを説明する前に、「感謝」から始まる日本の神道についてお話しします。

感謝を贈る文化

神様は人がいて、存在できる。神様という存在は、人なしには存在できない。

伊勢神宮で古代の祭壇を残す場所を見ました。岩がむき出しの祭壇でお宮もありません。でも、その場所に神を感じ、昔の人は大切にして守ってきました。

岩だけでなく、山や河や谷、巨木や滝など、自然に神様を感じて敬う心を持つ民族が日本人です。私は日本人が繊細なアンテナを持っているからこそ、「八百万」という神々を見つけることができたと考えています。生活の中にも神様がいて、一緒に生きてきた歴史がそこにはあります。

大切な場所が神社となり今に受け継がれ、神々への感謝を示す捧げ物が食物であったり言葉だったりしました。「祝詞《のりと》」の始まりです。

神職様が神様へ捧げる祝詞は、「感謝」と「敬意」を最大限丁寧にお伝えしています。日本の神事は「感謝する」ことから始まる素晴らしい精神があり、神様への敬意を持って関係が成り立っているのです。

大きな神社だけではなく、町の外れにある道祖神様《どうそしん》（結界の神様）や小さな祠、氏神様……脈々と受け継がれてきた神様との暮らしが、日本人の心を育て、自然への敬意を保ってきたのでしょう。

歴史的な文化の継承の中で、日本には「感謝を贈る」という風習もあります。

お歳暮やお中元などの文化は、海外にはありません。ビジネスの関係でも感謝を贈る日本のお歳暮とお中元とは、どんな意味があるのでしょう？

お歳暮の由来は、ご先祖への供物を親戚や近所の人に配ったことが始まりだそうです。

一年間、お世話になった方へのお礼と「来年もよろしくお願いします」という意味があります。

お中元もお世話になった方へのお礼ですが、夏場なので暑中見舞いと半年間のお礼という違いがあります。

いずれも「お世話になったお礼」を形にして感謝したりご挨拶したりする行為です。

このように、日本の伝統的な贈り物には、言葉にはしなくても多くの意味や心が表れていると感じます。口にはしなくても「心を贈る」文化が日本の素晴らしさではないでしょうか？

感謝を贈り合う日本人の持つ精神性の高さを、私は誇りに思えます。

◆お礼参り

祈願したことが叶った時、**「お礼参り」**をする風習が日本にはあります。

叶ったから終わりではなく、改めてお参りして感謝をお伝えする行為も、日本人の心をよく表しています。

神様だけではなく、出先でお世話になった方へ贈り物を贈ったり、再び訪ねて改めてお礼をする行為もやはり同じだと思います。

日本人は、礼儀正しいと言われますが、それは「礼」を大事にする民族だからでしょう。

礼とは、**人の道であり敬意**。日本人は、神様や人へ礼を持って接し、お辞儀をします。

海外の方には、日本人はペコペコ頭を下げるといわれますが、それは「敬意」の現れであり素晴らしい文化だと、大人になって改めて思います。神社で神職様がなさる90度の拝礼を見た時、心から敬い、拝するという姿を感じました。あの姿こそが、日本人の魂のルーツのような気がします。

こうした日本の伝統文化の発祥に、**神様への「感謝」を捧げる**という心が大きく影響しているのではないでしょうか。

「感謝の心の還元」が、人から神様へ。

そして、神様から人へと流れ続けて拡大していくエネルギーになります。

こうした日本人の持つ「心からの感謝」が幸運の輪を回す「ゴールデンループ」を生むと、気づいたのです。

神様と人が「叶える側」「お願いする側」と分かれるのではなく、これからの時代はより「助け合う」関係になると私は考えています。

昔からそういう関係だったのですが、人口の現象、災害など、神社を維持していくのは大変な時代になってきました。それでも氏子さんや崇敬の方々、企業が協力して、今も神社の維持のために頑張ってくださっています。

これからは地域を超えて、

「守っていただくからこそ守りたい」

という時代になることでしょう。

なぜなら、**神様という存在は、人なしには存在できない**からです。

❖内在神を目覚めさせる

「はじめに」で、自分の中の〝神性〟という言葉を使いましたが、自分の中にも神様はいます。

それは、「内在神」という考え方です。

なぜ、人が神様を信じるのか考えた時に、内在神にたどり着きました。私たちは、生まれる前に神様の欠片を持って生まれています。その欠片を神様の「御魂分け《みたま》」と私は考えています。ご縁のある神様は「御魂分け」された魂のふるさとのような存在であり、私たちの魂をずっと見守りながら、繋がってくれているのです。

では、自分の中にいる内在神に気づくには、どうしたらよいでしょうか?

自分の中の神、つまり「自神」は、

「自神＝自信」

ともいうことができます。

「持って生まれた才能で生きる」と自分が意識した時、内在神が目を覚まします。そうすると、魂が記憶したふるさとの神様の波動も思い出します。

そうです、〝響き合い〟が生まれるのです。

同じ響きを持つ者同士が、出会ったり学び合ったりするものを「引き寄せ」といいますが、それは魂の持つ波動が近いからなのでしょう。

同じ目標を持つ者同士が集まれば、何倍ものパワーになります。ですから、ひとりの力は小さくても、集まればできることがあるのです。

ゴールデンループには繋ぎ目がなく拡大する

ではここからは、ゴールデンループの本題に入りましょう。

ゴールデンループを回す弾みは、**「志」であり回転軸が「心柱」**です。

自分の力を使って誰かのために何かをしたいと志した時、魂のふるさとの神様と繋がり、強い応援を授かります。

それにより神様との共同ミッションが生まれるのですが、それを「天命」というのかもしれません。

ミッションがなくても日々の生活に感謝を持つ人は、神様のご加護も強いです。

私の場合、祖母が日々の実りに感謝して神棚を大切にしていたからこそ、私の家も家族も平穏無事だったと、今ならよくわかります。

「応援されたから応援したい」

「守っていただいたから守りたい」

この感謝の循環を私は「ゴールデンループ」と呼び、神様との共同ミッションが生まれた時に授かると考えています。

どんどん幸運になってさまざまな願いを叶えていく人たちは、神様からゴールデンループを授かった人だと、私は思っています。感謝の心がある限り、永遠に回り続けて拡大し続ける幸運の輪であるゴールデンループは、あなたが望む本当の豊かさへと導き、多くの出会いも学びも授けてくださるでしょう。

神様から私たちへ 私たちから神様へ

感謝の心で結ばれたゴールデンループはハートの中で輝き続けます。その内側から輝く光を神様が見つけて喜び、応援して守ってくださるのです。

伊勢神宮で天照様がおっしゃった「自ら輝く」とは、多くの神々に「自分」を見つけてもらうことも意味していたと、あとから気づきました。

❖神様は寝ている子を起こさない

神様とのご縁に気づいて、神様とのミッションを思い出す人がいます。

それは、「天命」に気づいた人です。


でも、気づいただけでは「ゴールデンループ」を授かるとは限りません。神様は、とても優しいので、**寝ている子をわざわざ起こさない**からです。

つまり、自らが目覚めてどんな行動をするかに意味があるということです。


神様の時間は、人の寿命より遥かに長いので、見守るのも得意です。急かしたり怒ったりもしません。

やるもやらないも決めるのは人間であって、神様ではないからです。

ただ、やると決めて目覚めた子への応援はすごいです。加速度的に展開する出来事や神様たちの連携プレー、ご縁結びに、きっとあなたも驚くでしょう。

「見えないサポート」こそが神様の最大の応援であり、神様から共同ミッションを委ねてもらえる人間に成長する未来が待っています。

魂のミッションは、簡単ではないからこそ「やりがい」があります。
私は、やりがいは「生きがい」だと思っています。

生きがいだから、命令でも使命でもありません。
完全に自分の中から生まれた「スイッチ」であり、自らが押さなければ「発動」もしません。

でも、あなたがそのスイッチの存在を思い出して押した時、生まれるのが「生きがい」なのです。

❖生きがいを持っている人＝ゴールデンループの授かり主

あなたが「生きがい」を持った時、次の世代に伝えていく必要が生まれます。ゴールデンループの授かり主に共通するお役割のひとつが、「伝承」です。それは、神様との共同ミッションの本当の中身でもあります。

何を生きがいとし
何を伝え
何を残していくのか

あなたの魂の計画に、それらは記されているのです。

先ほども申した通り、寝た子を神様は起こしません。

とはいえ、本書を読んでいるあなたは寝た子ではないと私は思います。

そうでなければ、私の本とも出合わないでしょう？


今は何も動いていないし、何をしたらいいのかわからなくても大丈夫です。


神様の時間は長いのです。

あなたを待ってくださる時間は、神様にとって瞬きするくらいの時間。安心して進んでいってください。


そして、「生きがい」が生まれた時こそ、「育てたゴールデンループ」のパワーが最大限に発動する時であると覚えていてください。

ゴールデンループのパワーは、育てて大きくすることができるのです。

あなたが生きがいを見つけて、幸運の輪が回り始めたと感じたら、次に続く「ゴールデンループの取扱書」も読んでください。大切な注意事項がありますから。

ゴールデンループの取り扱い説明書

「ゴールデンループ」の特徴と注意

神様と人の間で回り続ける幸運のエネルギーを輪の形で表現したものを「ゴールデンループ」と呼びます。感謝の心の還元で輪は作られているので感謝の心がある限り壊れることはありませんが、効果が変化する場合もあるので、取り扱いを確認しましょう。

❶ゴールデンループは育てて大きくすることができます

◉等身大の自分にちょうど良い大きさで持ち続けることができます。

◉他の人に譲ることはできませんが、エネルギーを流すことはできます。

◉回るスピードも大きさも人それぞれ。同じ速度で回っている人とは、一緒に活動することでお互い成長させることができます。

❷ゴールデンループの個数に限りはありません

◉1柱の神様との間にひとつだけ輪を太く大きくすることができます。

◉複数の神様と繋がると、小さな輪がネックレスのように繋がって大きな輪に成長。総合力のパワーがあります。

❸有効期限はありません

◉志を達成するのに一生をかけても大丈夫。ただ感謝の心を忘れたり欲に走ると、ゴールデンループの輝きと効力を失うこともあります。

❹ゴールデンループにはメンテナンスが必要です

◉天命のために肉体を使いすぎる場合も。肉体と精神を整えましょう。

◉自分を失うような状況に陥るとゴールデンループの輝きが曇り、さらに行動や考え方が神様の意に背く場合は消えることもあります。

❺乗り越えたい壁ができた時

◉志を約束した神様の前で、もう一度初心を思い出して自分の心の軸を戻すと、ゴールデンループの軸も回りやすくなります。

◉同じ波動のゴールデンループの持ち主が協力者として引かれ合うように出会うことがあります。

❻ミッションや壁を乗り越えた時

◉「感謝」を言葉や態度で表現して神様や周囲に伝えると、ゴールデンループの輪も広がり強固なものに成長します。

❼感謝の還元

◉日々の平穏に感謝を感じられる人に成長しましょう。社会貢献はゴールデンループに磨きがかかり美しい光を放つ輪になります。

❽ゴールデンループが消えてしまった場合

◉時間がかかっても努力を続けることによって、再び神様と繋がることもできます。

❾ゴールデンループの終わり

◉願いや志が叶うとゴールデンループはさらに強固な御神縁に育ちます。あなたが肉体的に行動できなくなった時でも、輝かしい光のままあなたと神様を最後まで繋いでいます。

column

古参〝推し神ガール〟は、歌舞伎の祖 出雲の阿国

私はこの5年間、毎月「神様アート」を描いて発表してきました。

20歳くらいで絵を描くことを諦め、道具もすべて捨てて教師の道を歩んできたのですが、子育てや仕事で忙しい日々を送り、再び絵筆を握ったのは25年後でした。

その時、「神様を描いてみたい」と思ったからこそ今があります。

2022年10月に発表した神様アートは、今までと違う作品でした。

描いたのは、神様を宿した歴史上の人物「出雲の阿国」でした。

神様アートを描く時は、神様からのサインがあります。描こうと思って描く場合もあるのですが、大体が描くように導かれていると感じます。

阿国を描く時も、「白拍子」「神楽演目 岩戸隠れ」「巫女」というサインがありました。サインは、夢で見る、情報として何度も目に入る、偶然出くわすなど、いろいろな方法でお知らせが来ます。

最初は踊りの神様でもある「アメノウズメ様」を描いているつもりでした。しかし、ど

んどん変わっていくので、誰を描いているのかわからなくなったのです。

一旦、描くのを止めていたところに、出雲へ行くことが決まり、点が線になって一気に繋がりました。

「あれは、出雲の阿国だったんだ！」

私の意識も一気に阿国に傾きました。私が描いていたのは「アメノウズメ様を宿した出雲の阿国」だったのです。

阿国の没年は不明ですが、ちょうど生誕450年目の年に描いたことに強いご縁を感じましたし、阿国の生き方を見直すタイミングのように感じました。

我、たましひのままに舞い
我、たましひのまま生きる
我、神の御心のままに舞い
我、たましひを燃やし生きる

Message from Izumo no OKUNI

阿国からのメッセージは、とてもシンプルでハートに矢を射抜く言葉です。

ここでは、「たましい」ではなく、伝えられたそのまま「たましひ」としています。「魂」と同じ意味ですが、古文では才能や天分も意味するそうです。

阿国に対して、「歌舞伎の祖」「踊りの天才」くらいの情報しか私にはありませんでした。

調べると、出雲の阿国が生まれたのは桃山時代。生まれた年月は不明ですが、織田信長公が世を去り、豊臣秀吉公が天下統一、徳川家康公の江戸幕府へと突き進んだ激動の戦国時代であり、世の中が今以上に不安定だった時代を生き抜いた女性です。

「出雲の」という代名詞は、出雲大社の巫女であったという素性からです。時代の移り変わりで神社仏閣も時の権力者が様変わりして、経営が厳しくなり巫女や神職も役を解かれた時代。巫女も白拍子（歌舞をする芸者）となり日銭を稼ぐ者、遊女となる者など、時代のうねりに翻弄された人たちがいました。

神社もお寺も存続が危ぶまれた時代だからこそ、「勧進巡業」というものが生まれました。歌舞伎演目『勧進帳《かんじんちょう》』で聞く名称です。歌舞伎に出てくる弁慶らは、東大寺の復興のための寄付を募る旅をしていました。

一方、阿国たちも出雲大社の勧進のために

立ち上がった一座といわれています。

故郷を離れて旅立った阿国が、京都の四条河原で舞を披露し大盛況を納め、「歌舞伎」の元を作ったとされます。

阿国より年若い女の子も一緒に舞ったので、「可愛らしい踊り」（ややこおどり）と呼ばれ評判になりました。当時、流行った念仏踊りの流れを組んでいたので、阿国は黒い僧の着物を着て笠をかぶって男装して舞い、途中で早着替えして華やかな衣装で唄い踊ったそうです。

「今のコンサートの土台ができている！」

歌舞伎じゃなくても、ステージ上で衣装が一瞬で変わる演出が桃山時代にあったなんて！

きっと盛り上がったでしょうね。

現代の歌舞伎にも、早替えは演出として残っています。同じものではなくても、阿国が残した欠片が引き継がれていることに改めて驚きました。

阿国たちも最初からスターだったわけではありません。各地を巡り、ようやく京都で舞を披露するまでは大変な困難があったと思います。

河原に板を張っただけの粗末な見世物小屋から始まり、当時物珍しかった南蛮人の洋装を取り入れた奇抜な衣装を着て、流行の最先端を作りました。

　女性が才能で生きていくのは、今でこそ普通になってきましたが、戦国時代ではよほどの努力なしにはあり得ません。男女差別や戦乱の世ではなおさらでしょう。

　阿国は歌舞伎の祖でもありましたが、一人の女性でもありました。情熱的な恋愛もして心を燃やして生きた人です。

　時代の変化の波に揉まれながらも、「踊り」に天命を感じて表現し続けたからこそ、阿国の志を神様が応援したのだと思います。

「神憑《かみがか》り」という言葉は、「神降ろし」と同じなのではないでしょうか？

　阿国の身体を使って、神様が見る人に伝えたいメッセージがあったのでしょう。

　歌舞伎というひとつの文化を築いたこのエピソードは、神様と阿国が一体化して起こした旋風であり、時代の風そのものだと感じました。

　神社を再建するために出雲を旅立ち、人生を踊りにかけた阿国。彼女は神様を応援して神様からも応援された、「ゴールデンループ」の持ち主だったのです。

第II部

推しの神様と繋がる

神数
1

天照大御神《あまてらすおおみかみ》

導きと照らしのリーダー

私の子よ
愛しい子よ

そなたはいつも光の中にいる
光は私の愛

愛に包まれて生きる子よ
成し遂げたいことがあるなら
大きな光で護ろう

そなたがどんな困難も
安心して超えていけるように

◇◇◇◇◇◇◇◇◇◇◇◇◇◇◇◇◇◇◇◇◇◇◇◇◇◇◇

そなたの光が
遠くまで届くように

そなたの光は
宇宙を輝かす

生きる喜びを全身に感じて
進むが良い
そなたがやらずして
誰がやるのだ

心を決めて進め
愛しい子よ

あなたの守護神

絶大な繁栄の御神徳パワーでサポート！

太陽神

天照大御神《あまてらすおおみかみ》

あなたを守護する神様は、太陽の神であり、八百万の神々をまとめる高天原のリーダー「天照大御神」です。アマテラス様は天皇の祖神であり日本国民の総氏神です。

開運と繁栄をもたらす最強の神様です！

アマテラス様は国家と国民を太陽の光で平等に照らし、大きな愛であなたを守ってくれています。そして、自ら未来を切り開く力や過去に捕らわれることなく進む勇気を授けてくださいます。あなたが慈愛の光で周囲を照らす存在となり、本質を見抜く力を磨いて成長するのをサポートしてくれる神様です。

神様界のトップでも、心が折れると岩戸に籠《こも》ってしまう「日本初の引き籠り伝説」を持っているアマテラス様。がんばり屋さんの神様だからこそ、努力の限界がピークに達すると電源がOFFになってしまいます。日本の神様は、完璧ではないからこそ親しみがあって、どこか人間と似た部分を持っていらっしゃいます。神数1のあなたも、アマテラス様と似ている部分を自分の中に感じませんか？

神数1の性質

世界の中心になれる唯一無二の存在

神数1の人は積極性があり、自分の意志で決断ができるので周囲から尊敬される人です。

どんな場面においても諦めずに立ち向かい、突破するパワーに満ちています。

世界を明るく照らす存在であり、周囲に希望を与えて活気をもたらすことができます。ポジティブで強い意志のあなたの生き方は、知らず知らずに周りを勇気づけて一緒にいるだけで気持ちが明るくなる存在です。

あなたは行動もスピーディで道なき道を切り拓いてでも目標を達成しようと努力します。

その姿はとても輝いていて、あなたの夢が周りの夢になることもあります。

あなたを応援したい人が集まると、その中で強いリーダーシップが発揮されます。

物事を推し進める推進力も突出しているので、目指すならば世界のトップになれる資質があります。

しかし、負けず嫌いで勝負ごとに火が付きやすい一面があり、突っ走ってしまう傾向もあります。

固定概念に捕らわれないのは長所であり、決断力の速さも天性です。決断を独断と思われないように周囲との温度差を感じたり、丁寧な説明を心掛けたりすればもっと良い関係が築けます。

頑張りすぎると突然、思考も体もダウンします。心身のバランスにも気をつけましょう。

唯一無二の存在として、ほかとは違うオリジナルなやり方を駆使して〝自分自身がブランド〟に成長していく人です。

あなたの声には熱量があります。心の声を言葉にして伝えていくと、協力者や支援する人も集まって夢実現が近づきます。

天照大御神から「世界を明るく照らす存在」という役割をいただいています。

あなたの目標に向かって進む姿は輝いていて、多くの人に憧れを抱かれるでしょう。

しかし、いつも強い自分でばかりはいられないと投げやりになりたくなる時があると思います。あなたの悩んでいる姿も克服しようとする姿も周りに大きな影響を与えていますが、無理に頑張らなくてもいいのです。あなたらしい生き方が共感を呼んでいるのです。

「あなたはどんな世界の中心になりたいですか？」

自分が活躍したい世界をよく見つめてみましょう。あなたは一人ではありません。あなたの夢を支えようと力を貸してくれる存在がいることを忘れないでください。

あなたの武器は真っすぐな素直さとハートの熱さです。開拓者としてこの地に生まれたあなたは、自分の世界で中心になれる人です。

アマテラス様は、あなたの内側から輝く魂の力を信じてくださっています。さらに、自ら輝いて周囲を照らす存在となる役割を授けてくださっています。あなたの魂の光で世界を明るく輝かせてください。

仕事運　情熱こそすべて！

神数1の人は、自分がやりたいことを自由にやりたいので、中心となって動く仕事が向いています。

あなたは行動力があり、アイデアをすぐに形にすることができます。また人の良いところを素直に褒めたり認めたりもできるので、年齢を問わず慕われます。

「責任は私が取る！」と言い切れる度胸や、一度決めたらやり通す意思の強さも素晴らしいです。目的や使命に向かって全力で取り組み、自分を疑うことをしないので、悩むことはあまりありません。

情熱を持って仕事ができるかが重要で、起業して成功する能力も高いです。成績が成果として反映していくような職種も向いています。

どんな時も真っすぐ生きるので、裏切られたらショックで立ち直るまでに時間がかかりますが、諦めも早いので落ち込みも長引きはしません。

適職
戦う戦士は怖いものなし

一番向いているのは、「戦う戦士」のお仕事です。

自分が犠牲になっても守り抜く正義感と、真っすぐな思いを持つあなたには「戦士」の素質があります。まさにピンチに現れるヒーローのような人です。

明るく元気な性格で、抜群の行動力と情熱を持つあなたは、隊長としての資質もあります。絶体絶命の負け戦でも命を燃やせるので、人生をかける場面になったら形勢逆転の神風となるでしょう。世が世なら名だたる武将になっていたかもしれません。

自分の人生を自分で決めて切り拓くパワーがあるので、組織に属していても中心的な役割を果たし、カリスマ上司や社長として現代では活躍できる可能性があります。

現代の適職例

自営業　起業家　コンサル（コーチ）　フリーの仕事（アナウンサー、デザイナー、プログラマーなど）　政治家　作家　エンジニア　リーダーや責任者　作家　活動家など

金脈運

「個性とプロデュース力」を活かして磨けば金脈になる！

あなたの一番の才能は、「個性とプロデュース力」です。他の人と同じものを好まないので、オリジナルにこだわります。そのこだわりこそが「個性」であり、クリエイティブな力を発揮して夢や目標を実現化するパワーがあります。

アピール力にも優れるので、自信を持って紹介できるものは必ず周囲に響くでしょう。あなたが情熱を注いで世の中にアピールしたいものが最大の金脈です。商品でも思想でもあなたのハートを熱くするものが大金脈に育つヒントです。

恋愛運

心の性で自分のハートにフィットするほうを読んでください。

きらきら輝く太陽の女神
神数1の女性

神数1の女性の恋愛傾向

◉一目ボレが多い
◉素直に感情を表現する
◉自分から告白できる（はっきり断る）
◉恋愛もエネルギッシュ
◉俺様彼氏は苦手
◉自信をなくして落ち込むことがある

神数1の女性が恋愛において一番大事にしているのは「感情のストレートさ」です。

自分の心にウソをつけないので、好きでもない人と付き合うことはできません。

あなたは、凛として清らかで気高い魂の持ち主です。あなたは周囲にとって近寄りがたく神聖な人と思われています。自分は親しみやすく大らかだと思っていますが、持って生まれた気品が高値の花のように周囲には映るようです。あなたは「モテない」ではなく、「近寄りがたい」のです。

あなたの豊かな内面をもっと知ってもらう必要があります。あなたから一歩踏み出さないと伝わらないので、気に入った相手がいたら自分から声をかけましょう。ダメなところも隠さずに見せるとそのギャップに親しみを覚えてもらえるでしょう。完璧じゃなくても大丈夫なのです。あなたの完璧じゃない部分が魅力になっているいると気づいてください。

自分らしくいられる相手が、魂のパートナーです。

愛と勇気の戦隊ヒーロー 神数1の男性

神数1の男性の恋愛傾向

◉自分がリードしたい
◉一目ボレが多い
◉はっきり告白してはっきり断る
◉相手が喜ぶことをしたい
◉俺様傾向（立ててほしい）
◉自分が好きなことを共有したい
◉頼られるのに弱い

神数1の男性は、「守ってあげたい人」が理想です。

積極的に自分から好きになるタイプで、どんな時も弱い者の味方のヒーローです。

人情味に厚く、困っている人を放っておけないので、ついつい面倒に巻き込まれがちです。

心の中もはっきりしているので「YES」か「NO」か悩まず決断します。そうした潔い性格を慕って、友人グループでもリーダーになっていることが多いでしょう。

自分の思うようにしたいのでわがままに見えることもありますが、何でも率先して動く姿はとても輝いていて魅力的です。好きだと思ったら告白もストレートにします。

相手の一番でいたいので、ほかの男性との付き合いを嫌がり、束縛したいタイプでもあります。神数1の男性に愛されれば、あなたのヒーローとなって全力で守ってくれるでしょう。愛の言葉は上手に伝えられないけれど、ハートは誰よりも熱い彼です。

彼が熱く語る話に頷いて聞いてあげると、あなたに信頼を抱いてくれます。

推しの神様情報

❖ 天照大御神がお祀りされている主な神社
伊勢神宮内宮（三重県）　天岩戸神社（宮崎県）

❖ 天照大御神の推しカラー
金（ゴールド）

❖ 天照大御神の御神徳
国家安寧　子孫繁栄　五穀豊穣　開運

❖ 神数１の人が喜ぶ魔法の言葉
「すごいね！」「さすが！」

❖ 神数１の有名人例
明石家さんま　小泉進次郎　浜崎あゆみ　マツコ・デラックス
レディー・ガガ

❖ 天照大御神様と繋がる推し事
＊やりたいことを優先する
自分の意志や思いを大切にして、自分の軸で生きる生き方をしましょう。

＊サンキャッチャーを飾る
太陽の光（虹色）を取り入れることで、お部屋の浄化ができます。

＊朝方の生活する
朝日を浴びることで全身の細胞が目覚めます。夜更かしは減らしましょう。

＊姿勢を良くする
真っすぐな姿勢は軸を安定させ、直感が冴えて天との繋がりもクリアに。

＊日光浴をする
心が内側に傾いた時ほど太陽光があなたに勇気と元気を与えてくれます。

＊ソーラーウォーターを飲む
お日様を２〜３時間当てた太陽の波動の転写水を飲んでパワーアップ！

天照大御神からあなたへのメッセージ

そなたが生まれた朝も
天の雲の上は晴れやかに光り輝いていた。
嬉しそうにこの世に降りていくそなたの魂を
私は見送った。

天から見れば、地上は暗い場所。
暗い地上の上であっても
そなたはいつもぴかぴかと地上の星のように
光って、「ここにいる」と私に教えた。
そなたの光はどんな時であろうと私へ届く。

なぜかわかるか？
そなたがどこまでも真っすぐな
心を持っているからだ。

時としてそなたの眩い光に目を細め、
時として消え入りそうな光を
両手で温めまた輝き出すのを喜んだ。

幼きそなたの頬を流れた涙に
私が光を照らしたのを覚えてはおるまい。
天を仰いだそなたの瞳は光を反射して

きらきらと宝石のようだった。

傷ついて膝をついても
また立ち上がるそなたを私は知っている。
その傷だらけの心は、
誰かを守るために闘ってきた証。
そなたの心の傷口から溢れるものは「愛」。
溢れんばかりの愛が、今のそなたを作っている。
人を愛し、地球を愛し、
人ができる「何か」を求めて
そなたはこれからも努力を重ねるだろう。
まだ誰も見たことがない世界を目指して……。
そなたが描く理想の世界は多くの人の夢となる。

そなたが蒔いた木種は
美しい年輪を描き、大きな大樹へと育つだろう。
固くて強い木ほど過酷な環境を生き延びる。
内側から外へと皮を割いて成長するのが大樹。
枝は成長に巻き込まれ「節」となる。

私はそなたの夢が
節目をいくつも持つ大樹に育つのを待っている。
そなたほど強くて美しい魂はおらぬ。

強く、しなやかに生きよ。
風などで折れたりせぬように。
そして、他の者と比べる生き方はせぬこと。
そなたは唯一無二の魂であると忘れるな。

心の炎を燃やし、光の御柱となれ。

episode
神数1の生き方を魅せる人

体温を上げる料理研究家　小川原 智子さん

「食卓から世界を笑顔にしたい。毎日自宅の神棚に祝詞をあげて宣言しています」

茨城県で体温を上げる料理教室を開き、マクロビオティックを22年間も伝え続けている小川原智子さん。元新聞記者でキャリアウーマンとして活躍していましたが、さまざまな体の不調で苦しんでいたといいます。

二十代でマクロビを知り、食事を整えて健康を取り戻したそうです。〝食べる温活〟で1万4000人を指導、創作したレシピも1万を超えるミラクルな料理研究家です。

小川原さんは一緒に神社参拝をする私の友人でもあり、尊敬する生き方や考え方を持っている人です。お互いの夢を語り合って神社に5時間もいたことがあります。純粋な思いを少女のように語る小川原さんの言葉には、神数1の「情熱」がたっぷり。神様を応援して神様に応援される人です。

小川原さんが、お供えは「食の原点であり大切な教え」であると話してくれました。神棚には「米・酒・水・榊」をお供えします。

それらは人間が生きるために必要な栄養素であり、毎日神様にお供えすることで食の原点を思い出すように日本人が大切に伝え残してきた文化だと知りました。大地のお米、身体を維持する塩、酒（発酵食品）、榊（緑の野菜）は、古くからある日本の食卓そのものです。

神棚のほかにも、食卓で神様との繋がりを持つ物があります。

それは、「箸」です。

箸を持つと人と神様は繋がります。まさに「はしわたし」。

両端を削った祝箸は神様と食べるお箸です。お祝いの席だけではなく、毎日の「いただきます」「ごちそうさま」にも神様が宿ります。祝箸は、神様に天地の恵みをいただく感謝を伝える「神具」といえます。

「『ごはんを残すと感謝する心の眼をつぶしてしまうから残さないように』と祖母が教えてくれたことが、見えない神様を感じたきっかけです。お米にも神様が宿っていると知り、最後のひと粒まで大切に思うようになりました。料理にも見えない愛をこめています。キッチンは、家族の薬局でもあり、人生の舞台。私にとっての舞台であるキッチンで神様と〝食べるほど幸せになる料理〟を作るためにエネルギーを注ぎたいです」

神数1の方は、自分の作りたい世界を実現化するパワーがあります。小川原さんの志を伺って、稲穂が黄金色に輝くようなきらめきを感じました。

小川原さんは、素晴らしい行動力と決断力を持って仕事をする人ですが、そのための努力を周囲に見せることはしません。人一倍がんばり屋さんで人一倍思いやりがあるからできる仕事であり、生徒さんからの信頼が厚いのもよくわかります。

「さまざまな場面で神様の応援を感じて仕事をしてきましたが、出版の時にその導きを強く感じました。なかなか進まない話が、崇敬神社を参拝したところ、必要な人に出会ってとんとん拍子に決まったのです」

神様の応援を感じながら出版した『人生が変わる!心と体を温める料理教室』(フォレスト出版)は、小川原さんの体験や知恵がいっぱい詰まった本になりました。

しかし、いざ出版という時、世界を混乱させた新型コロナウイルスが流行りました。講演活動も料理教室も思うように開催できない毎日に、不安とやるせなさが募ったといいます。そんな小川原さんの元に届いたのは、出版された本を読んだ全国の読者様の声でした。

「出版をきっかけに今までにない巡り合わせやお仕事もたくさん頂戴しました。本を介して全国に想いが届いて、新しいご縁も生まれたんです」

こういうピンチの時こそ、神様の救いの手

が入ります。日頃から神様への感謝を忘れない小川原さんだからこそ、ピンチがチャンスに変わりました。神様との間に生まれたゴールデンループがしっかりと結ばれている証のような応援だったと思います。

アマテラス様は太陽の神様ですから、稲作や野菜農家など、食に関係する仕事に携わる人には大切な神様です。小川原さんは赤い炎の薪火で料理する活動もしているので、神数1であることでアマテラス様と繫がりはあるのは嬉しい！と喜んでくださいました。

神様を大切にして神様に応援される小川原さんから溢れるものは「愛」なのだと、改めて感じました。

小川原さんが目指す〝食べるほどに幸せになる料理〟は、日本だけでなく世界に広がっていくと感じます。愛の力はゴールデンループを拡大して強めていきます。

「太陽をぱくんと食べてみて！」

起床後、少しの時間でも太陽の光を浴びて、大きな口を開けてぱくんと食べるようなイメージをすることを〝太陽食〟というそうです。

小川原さんに太陽の力が体に広がると、一日の活力となり元気に過ごせると教えていただきました。朝一番にアマテラス様のパワーをいただけるなんて嬉しいですね。

神数

2

月読命《つきよみのみこと》

心眼を開いて闇に光を当てる

そなたの眼は
今を見ていると言うだろう
それは真《まこと》か？
そなたが見たい世界と
どれほどの差があるのか
その心に問うてみよ
そなたが望まぬ限り
その景色は変わらぬ

◇◇◇◇◇◇◇◇◇◇◇◇◇◇◇◇◇◇◇◇◇◇◇◇◇◇◇

心の眼を開いて
真にしたい世界を見れば
それが本物の現実になるだろう
心眼は望まねば開かぬ
恐れずに
自分の心を見つめれば
必ず開く

あなたの守護神

心願成就へ導くご神徳パワーでサポート！

夜を司る神 月読命《つきよみのみこと》

あなたを守護する神様は、夜を司る大神「月読命」です。ツキヨミ様は、アマテラス様とスサノオ様と一緒に、父神のイザナギ様の清めで生まれました。月の満ち欠けから「暦」の神様ともされます。

神話に登場する場面が少なく、ミステリアスな存在でもあり、性の記録がはっきりしていないので、男神の表現や女神の表現があります（一般的には男神の表現が多い。「ツクヨミ」とも読まれる）。

ツキヨミ様は、内面を奥深くまで心眼で見通し、闇に光を当てる存在です。あなたに見えないものを大切にすることを教え、神秘の力や直観力を研ぎ澄ませてくれるでしょう。

あなたもツキヨミ様のように、人の心にとても関心があるのではないでしょうか。人の心を知るために、占いや心理学を学んでいるかもしれませんね。

とても優しく繊細な人が神数2の人です。

神数2の性質

神秘的な魅力とインスピレーションの達人

神数2の人は、心の眼で真偽を見分け、優しく寄り添うことができる月光のような人です。

神数2の人は、人口の割合が少なく貴重な存在です。本質を見抜く力に優れていて、人や物でも瞬時に真偽を見分けます。心を大切にする人なので、話を聞く力や的確なアドバイスをすることも上手です。悩み事や相談を受けることが多く、あなたの言葉で元気になったり、やる気を出す人は多いと思います。

あなたは、人と人を結ぶ力もあります。その人の性格や特技を生かして幸せに生きる道がぱっとひらめいたり、一緒に組むと発展する人が頭に思い浮かんだりしませんか？　ご縁繋ぎでカップル誕生に関わった人もいるでしょう。人の話を丁寧に聞くあなたは、その人が求めていることにいち早く気づいて解決する方法を考えるのが得意です。

しかし、優しすぎるあなたは、自分の感情をしまい込んで他人に振り回されてしまうことがあります。優しさはあなたの魅力なのですが、もっと自分の意志を主張して良いのです。優しさと強さは同じくらいのパワーがあります。

本当は、人間関係が苦手ですよね。そんなあなたを支えてくれるのがツキヨミ様の「心眼力」です。人の心が奥深くてわからないからこそ、あなたにとっては探求したい世界なのだと思います。心の迷宮に魅せられた人にしかわからない世界を、あなたの方法で表現しましょう。

月読命から「闇に光を当てる存在」という役割をいただいています。

あなたの優しく清らかな佇まいは、神秘的でミステリアスな雰囲気を醸し出しているでしょう。状況判断の速さや一歩下がって行動する態度は、目上の方から絶大な信頼を寄せられます。サポート力も抜群なので、相手にとってはなくてはならない存在へと成長します。

しかし、相手の求めるままに自分を押し殺して我慢していると、自分の心が潰れてしまいそうになります。また、相手があなたに依存してしまう状況も起こりやすく、あなたを苦しめるでしょう。あなたは、仕事で充分周囲に応えています。心や体をすり減らすほど捧げる必要はないのです。

「あなたを守れるのはあなただけです」

自分を鏡に映して見てみましょう。どんな顔をしていますか？

あなたの前で笑顔になった人はたくさんいます。でも、あなたが笑顔でなければ、あなたの心は守られていないかもしれません。まず、そこに気づいてくださいね。

あなたの長所は「直観力」です。ツキヨミ様は、あなたの心の眼を信頼してくださっています。多くの経験を与え、心の眼を通して映し出される真実や未来を伝えていく役割を授けてくださっています。あなたの言葉で暗闇を光でいっぱいにして、見えないものの大切さを教え導いてください。

仕事運

繊細な感性を活かす芸術肌

神数2の人は、繊細な感性を持って、人と人のコミュケーションをする仕事が向いています。

あなたは、控えめで目立つポジションをあまり好みませんが、努力して磨いた才能に注目が集まります。本来、人前が苦手なので、緊張して震えた経験を持っている人もいるかもしれません。同じ舞台なら、舞台袖で進行状況を判断したり司会者として場のサポートをしたりするほうが本領を発揮できます。

誠実な仕事ぶりは、目上の方から信頼を寄せられるので、大物の右腕としても活躍できます。

先見の明のごとく直観力が高いので、インスピレーションを働かせる仕事も向いています。芸術家や作家、俳優など感性で花開く人もいます。聞く力を活かしてカウンセラーやセラピストも向いています。

適職

無敗のカリスマ軍師

一番向いているのは、軍師のお仕事です。先見の明を持つあなたは、思慮深く頭脳明晰。負け戦を勝ち戦に変えるくらいの作戦や展開を考えることができます。

主と認めた相手であれば、その志を支える柱として命を燃やすことができる人です。素早い状況判断は群を抜いていて追随を許しません。

また、上司と部下の間を取り持つことも自然とできるので、多くの信頼を寄せらせます。世が世なら、カリスマ軍師として歴史に名を残したかもしれません。

夢を実現化する手助けや導きができるので、現代では経営コンサルタントやカウンセラーとして成功する可能性があります。

現代の適職例

紹介業　経営コンサル　相談窓口　カウンセラー　セラピスト　起業支援　結婚相談所　医療介護　学童支援　占い師　作家　芸術家　芸能　作曲家など

金脈運

「インスピレーションと共感力」を活かして磨けば金脈になる！

あなたの一番の才能は「インスピレーションと共感力」です。

まだ誰も注目していない商品や仕事などをいち早く見つけ、価値を吟味します。よく調べたり試したりしないと人に勧めないので、自分が実験台になって体験する人です。

興味関心があることにワクワクするので、実験も趣味のひとつかもしれません。あなたが体験で得た情報や自信を持って紹介できる商品は共感を呼び、「金脈」に繋がります。まだ誰も知らないものが大金脈のヒントです。

恋愛運

心の性で自分のハートにフィットするほうを読んでください。

心安らぐ月光の女神 神数２の女性

神数２の女性の恋愛傾向

◉恋愛体質でモテる！

◉相手から告白される（好きでない人から好かれる）

◉恋愛はロマンチックが大事

◉結婚願望が強く、心のつながりや運命を信じる

◉ケンカになると修復が難しい（気持ちの回復に時間がかかる）

神数2の女性が恋愛において一番大事にしているのは、「心のつながり」です。

感受性が強く、相手が言わなくても相手の心や考えが読めてしまう時があります。気配りも上手で癒し系のあなたはモテるタイプですが、想い人ではない人に告白されて困惑したり、気が病んでしまったりすることがないですか？相手に押されて付き合い出しても、自分の心が反して長続きしないはず。だからこそ、自分から好きになった相手に「運命」を感じます。「恋愛＝結婚」という古風な一面もあなたの魅力であり、誠実な心の現れでもあります。しかし、一度ケンカをすると修復に時間がかかります。こじれてしまう前に、理解してほしいことは「言葉」にしましょう。傷つくことを恐れて一人になることはありません。あなたほど引き寄せが強く、心の眼が清らかな人はいません。あなたの選んだ相手なら、あなたの言葉はちゃんと届きます。嫌われたくないと思う心を浄化して流してしまいましょう。あなたは、本心を語っても嫌われることはありません。

大切な人を守り抜く騎士 神数2の男性

神数2の男性の恋愛傾向

◉相手が幸せだと自分も幸せ
◉優しく紳士的であり付き合うまでに時間がかかる
◉相手に合わせるのが上手
◉感情を乱されるのが苦手
◉守りに入りがちで自分から告白は苦手

◉パートナーを大事にする
◉同じ人をずっと片思いした経験がある

神数2の男性は「明るい笑顔の大らかな人」が理想です。

細やかな気配りができて優しく温厚です。人をよく見て、話も丁寧に聞くので、相談役になったり縁繋ぎしたりする役が多いです。友達は多いのですが、親友と呼べる人は少ないかもしれません。

友達の恋のキューピット役はしても自分の番となると、なかなか告白できません。同じ人に何年も片思いした経験がある人もいるでしょう。お付き合いすると紳士的なのでパートナーをとても大事にします。あなたを愛の力で護り抜く騎士になってくれると思います。

急な予定変更や、心を乱されたりするのは苦手なので、「ほうれんそう」を心掛けてください。報告や連絡は当たり前で相談も必ずすると、神数2の男性は信頼してくれます。相手の立場になって考えて行動する人に心を寄せてくれるでしょう。

男神様もお母さん!?

神話には男神様と女神様が登場して子どもを産む表現がありますが、人間と違って男神様からも神様がお生まれになります。

男神イザナギノミコトと女神イザナミノミコトは神様界初の夫婦です。二神の間には多くの神々と国土が生まれました。

しかし火の神を産んだイザナミ様は、火傷で命を落としてしまいます。イザナミ様を連れ帰ろうと黄泉の国まで行ったイザナギ様でしたが、朽ち果てた姿のイザナミ様を見て逃げ出してしまいます。

イザナミ様と決別したイザナギ様が、川で穢れをきれいにする禊ぎを行った時のことです。

左の目を洗って生まれたのが太陽の神アマテラスオオミカミ、右の目を洗って生まれたのが月の神ツキヨミノミコト（ツクヨミ）、鼻を洗って生まれたのが嵐の神スサノオノミコトでした。

その他にも杖・帯・小物入れ・上着・袴・冠・腕輪などから合計24柱の神様が誕生したとは、驚きのＢＩＧファーザーですよね！

イザナギ様から誕生した神々の中でもアマテラス様とツキヨミ様とスサノオ様を、最も尊い神として「三貴子」と呼びます。

イザナギ様は、アマテラス様に「高天原の統治」を、ツキヨミ様に「夜の統治」、スサノオ様に「海原の統治」を与えました。

場所や物からもさまざまな神様が誕生するのは、不思議でおもしろいですね。

推しの神様情報

❖月読命がお祀りされている主な神社
皇大神宮別宮月讀宮（三重県）　月讀神社（京都府）

❖月読命の推しカラー
銀（シルバー）

❖月読命の御神徳
五穀豊穣　航海安全　心願成就　開運招福

❖神数2の人が喜ぶ魔法の言葉
「頼りになる！」「あなたにしか言えない」

❖神数2の有名人例
勝海舟　カレン・カーペンター　クロード・モネ　篠山紀信　すぎやまこういち

❖月読命様と繋がる推し事
＊真珠を身に着ける
月の力を宿す真珠をアクセサリーとして身に着けるとお守りになります。

＊お風呂に塩を入れる
命を育む母なる海の恵みの塩は「祓い清め」のパワーが最強！

＊瞑想する
「今」に意識が向いて、集中力がアップしたりアイデアが湧いたりします。

＊新月にお香を炊く
天体エネルギーが注がれる日に五感を研ぎ澄ませると神様と繋がりやすくなります。

＊直感を使う
直感は脳が瞬時に判断して起こる現象。神様と繋がりながら脳を活性！

＊寝具を洗う
眠る時間も神様と繋がります。良いメッセージを受け取るために良い睡眠・寝具は不可欠！

月読命様からあなたへのメッセージ

海の深さを人は知らない
海の底は測り知れぬ闇の中
そこで生きるために目の役割はない

目で視ることより
感覚を研ぎ澄ませ
自らが光り、闇を照らして生きる世界

海の闇も、天の闇も、心の闇もよく似ている

天には星がある

そなたの魂が生まれた天には
星が海のごとく
きらきらと輝いている
それはそれは美しい魂の星々

その中でもひときわ輝く、
そなたの魂の星を
この手ですくって守ってあげようと思うた

「私は守られる命ではなく、守る命です」
と、そなたの魂は強く光った

その強い輝きは一等星のように煌めき
わたしの手を乗り越えて地上へと瞬いた
「なんと強い志であろうか」
私は、そなたの行く先に地上の夜を見た
暗い夜は海の底のように静かに波打っている
あの闇の中でそなたが迷わないように
私の輝きを地上まで届けよう
そう、決めたのだ

そなたが道に迷って苦しいときも
悲しみに暮れて肩を落とした夕闇も
笑顔の下で心が砕けた日も
私はそなたを見ていた

海の底を生きるものは自ら輝く
固い殻の中の真珠も月の光を宿す
そなたも自分で輝く力を持っている
光りなさい
命の光を私に見せなさい

そなたの志は
わたしだけが知っていれば良い
誰に理解されなくてもいい
泣きたくなったら天を仰ぎなさい

私は昼夜、そなたを見ている
白く光る昼の月も私
いつもそばにおる
そなたは一人ではないのだから

episode
神数2の
生き方を
魅せる人

光の画家　クロード・モネ

神数2の人は計算上、非常に少ない貴重な人です。なかなか身近にいません。

ここでは、神数2の人生を、フランスの画家「クロード・モネ」に焦点を当てて考えてみたいと思います。

クロード・モネは1840年11月14日生まれ。

光を描く印象派画家として新しい芸術文化を生み出しました。「モネの睡蓮」といえば、日本人であっても一度は目にしたことがある絵画だと思います。2021年にモネ画『睡蓮』がオークションに出品されると、7035ドル（当時の日本円で77億円）で落札され、世界のニュースになったのは記憶に新しいと思います。

モネが生きた時代は、正確に描く写真のような絵画が主流でしたから、モネの描く絵は芸術家から風当りが強かったようです。今でこそ印象派の絵画は芸術作品として高い価値がありますが、1874年に開催した展覧会でモネの代表作『印象・日の出』を出品したところ、ひどい評価だったようです。モネが今、自分の作品の価値が77億円と聞いたらどんな気持ちでしょうね。

モネは1898年から「睡蓮」を没頭して描くようになります。数秘でみると年周期「6」の年で、才能が開花する年です。

実は、睡蓮の絵画は約250枚に及ぶ連作で、晩年まで30年間も書き続けたモチーフなのです。モチーフとなった庭の池には、日本の神社でも見かける〝あるもの〟が描かれています。そう、「太鼓橋」です。モネは「浮世絵」も集めていたくらい、日本が好きだったようです。柳の木も植えて庭を作り、絵を描くモネを想像すると親近感が湧きますね。

モネの連作とは、同じ場所で季節や時間帯の移り変わりを描く手法を指します。

神数2の特質で書いた、「繊細な感性を持って、人と人のコミュニケーションをする仕事が向いています。あなたは、控えめで目立つポジションをあまり好みませんが、努力して磨いた才能に注目が集まります」という部分は、まさにモネらしいと思います。

また、パリでルーブル美術館を訪れた際、絵画を模写する多くの画家たちを横目に、自分は窓辺に座り、景色を描いたというエピソードがあります。

直感が鋭く、本質を見抜く神数2のモネら

しい行動です。みんながやっていることに意味を感じなければ、自分を曲げることはしないのです。模写も大切な学びですが、自分の目と心で感じたことを表現したいとモネは思ったのではないでしょうか？

モネの繊細な感性は、歴史的な英雄の肖像画より時間や季節の移り変わりにて変化する「光と色」に関心が向いていたのでしょうね。

誰も気がつかないところに気づいて心眼でものごとを見る力が、神数2の人にはあります。

モネの言葉にも「心眼」を感じます。

「盲目で生まれたかった。そしてある日突然目が見えるようになりたかった」

「すべては千変万化する。石でさえも」

モネは、86歳で死去しています。遺作も『睡蓮』。

8点の連作である睡蓮の大壁画を飾るため、オランジュリー美術館は改装されました。縦2メートル、横幅90メートルにも及ぶ大作は、一日の時間の経過とともに移り行く光を描写したものと知り、驚きました。

「本当に海を描くには、その場所の生活を熟知するために、同じところで毎日、毎時間眺め続けなければならない。だから僕は同じモチーフを4回も6回も繰り返し描き続けている」

250回も、睡蓮を描いたモネ。 表現したような言葉だと思います。

生涯一度も日本を訪れることはなかったモネが見たかったものは、愛して憧れた日本だったのかもしれないと思います。パリから日本まで約1万キロメートル。モネの心の眼はきっと、1万キロを超えて日本を見ていたのかもしれませんね。

私もフランスのオランジュリー美術館へ行って、モネの睡蓮をいつか見てみたいと思っています。一日の時の流れを体で感じながら、モネの感じた世界を『睡蓮』を見ることで、私も感じたいです。

心眼と月光のような人とは、まさにモネを

神数

3

菊理姫命《くくりひめのみこと》

チャンスを呼んで幸運をもたらす

私を覚えていますか？
ずっとそばにいたのよ

小さな幼子のあなたは
よく笑う子だった

今も心から笑えていますか？
自分の気持ちに正直に
生きられていますか？

誰かのためにがんばるあなたは
人の笑顔も好きだった
でも
あなたの心が喜ばないと
本当の喜びにはならないの

◇◇◇◇◇◇◇◇◇◇◇◇◇◇◇◇◇◇◇◇◇◇◇◇◇◇

生きている喜びを
感じましょう

あなたは人生を
楽しむために生まれました

いつも口元にほほえみを
忘れないで

あなたの笑顔は私
私はあなたの心です

あなたの守護神

強力な縁結びのご神徳パワーでサポート！

縁結びの神
菊理姫命《くくりひめのみこと》

あなたを守護する神様は、縁結びの大神「菊理姫命」です。「くくり」は「括る」という意味があり、和合の神でもあります。

イザナギ様が、死んでしまった妻のイザナミ様を迎えに黄泉の国まで行く神話があります。イサナギ様は黄泉の国で姿が変わってしまったイザナミ様に驚き、逃げ帰ろうとしました。怒ったイザナミ様がイザナギ様を追いかける場面で、ククリ姫が登場します。夫婦の二神にある言葉を発すると、夫婦ゲンカがストップしました。ククリ姫は夫婦のケンカを仲裁したことから、「縁結びの大神」として祭られるようになったのです。

ククリ姫は神々のケンカを仲裁した、言霊のお力の強さや純粋さをあなたに授けてくださいます。

あなたは〝歩くパワースポット〟になれる素質を秘めています。自分のためだけでなく人のために力を発揮し、暗闇を光でいっぱいにできるパワフルな魂に成長するようにサポートしてくれます。

あなたもククリ姫のように争いごとが嫌いですよね？ きっと、言葉や対話の力で世界を変えられると信じている人だと思います。

神数3の性質

天真爛漫な天界のアイドル

神数3の人は、いつまでも少年少女の心で人生を冒険のようにワクワク楽しむ人です。

いくつになっても天真爛漫なハートの持ち主で、興味や関心があることを積極的に学び、伝えることにも長けています。その純粋な素直さは周囲の人を癒して元気づける力があります。機転が利き頭の回転が速いので、場に合わせて行動することも上手です。

あなたを見ているだけで明るい気持ちになったり一緒にいて楽しいと感じる人がたくさんいて、友人関係も華やかです。明るく可愛らしい笑顔はアイドルの資質もあり、芸能界に興味を持つ人もいるでしょう。

どの世界でも愛され注目される存在ですが、周りの人を笑顔にしたいと常に思っていてサービス精神も旺盛です。

自分らしい表現で自由に生きることが人生のモットーのあなたは、歩くパワースポットになれる可能性を持っています。パッとひらめく天才肌を活かすことで、多くの人を喜ばせる天界のアイドルといっていいでしょう。

菊理姫からは「絆の大切さを伝える」役割をいただいています。

どんな縁にも意味があって学びがあることを、あなたの魂は知っています。

ご縁によって多くの経験をするあなたは、ご縁の素晴らしさを伝える人になってくれると、ククリ姫は信じています。

人に助けられ人に裏切られてもあなたは人が好きですよね。人は一人では生きていけないと知っているからこそ、人間関係の波を乗り越えていく姿を周囲に見せる役割があるのだと思います。誰も傷つきたくないから最小限の付き合いしかしない世の中になりましたが、あなたの広い交友関係や国境を超えた人脈に憧れる人も多いのです。

そして、あなたの笑顔を見るたびに、元気になる人がいるのです。あなたは自分の好きなことで輝いて注目されることが怖いと思うかもしれません。1%の妬みより99%の応援を信じましょう。あなたが抱く壮大な夢に純粋な思いで取り組む姿を応援したいと思う人がたくさんいます。自分のコミュニティの中で絆を育て、〝縁結びの名人〟になってください。

ククリ姫がいつもあなたにスポットライトを当ててくれていることを忘れず、自信を持ってください。

仕事運

楽しくないなら無理!

神数3の人は、楽しくないことはしたくありません。

あなたは心がワクワクして楽しいことに本領を発揮します。変化がない仕事をずっと続けるのは苦痛なため、毎日、人や場所や内容が変わる仕事であれば長続きします。

人当たりが良く親しみやすいので、上司からも後輩からも好かれるでしょう。職場のムードメーカーとして冗談を飛ばしたり笑わせたりして、チーム力を上げる要《かなめ》の存在になります。しかし「責任あるポジション」は苦手で、周囲のことを考えすぎて決断できないところがあります。

アイデアが豊富でひらめくタイプなので、商品の開発やイベント企画は楽しい仕事になります。

また子どもと対等に話せる心を持っているので、子どもに関係する仕事もうまくいきます。

コミュニケーションを取る力に優れ話すのも上手なので、講師の仕事でも活躍できます。

あなたが仕事を選ぶ基準は、「楽しいかどうか」です。

適職

アイドルグループのセンター

一番向いているのは、アイドルのお仕事です。しかもセンター!

キラキラと輝くオーラの持ち主であるあなたは、センターに立つのが一番似合います。

ファッションセンスも抜群のあなたは自分流に洋服を着こなすので、ファッションリーダーとしての素質もあります。

年齢的に今さら……と思わないでください。あなたの最大の魅力は、年齢を感じさせない生き方だからです。

あなたは自分が楽しいことしかできないタイプですが、「好きなことで生きている」と周囲からは見えています。あなたがあなたらしく生きる姿を見せることで、「自由に表現していいのだ」と周囲はあなたから勇気をもらうのです。

時々、ヘコむようなことがあっても、すぐに立ち直るので前向きに突き進む姿が魅力的です。

あなたは自分の人生という舞台の上で輝くセンターなのです。

現代の適職例

表現の仕事（芸能、音楽、芸術、演劇、ミュージカル、小説家など）　教育　宣伝　営業　商品開発　イベント企画　映画　出版　ゲームやおもちゃの開発　配信活動など

金脈運

「運の良さ」を活かして磨けば金脈になる！

あなたの一番の才能は「運がいい」こと。

幸運やチャンスに巡り合う機会が多く、夢を叶える協力者を知らず知らずに引き寄せます。描く夢は大きいほど「拡大」と「発展」のパワーとなり、海外にまで影響を与えるでしょう。

ワクワクする学びの中に、あなたが求めている世界や理想があります。知らない世界を知ろうとする好奇心が最大の金脈です。あなたが面白くて夢中になっている趣味が大金脈に結びつく可能性が高いです。

SNSを活用した配信活動も、あなたの武器になるでしょう。

恋愛運

心の性で自分のハートにフィットするほうを読んでください。

光でいっぱいの愛され天使 神数3の女性

神数3の女性の恋愛傾向

◉恋愛もゲームのような感覚がある
◉いつも笑顔でいられる関係でいたい
◉失敗にもめげない
◉社交性が高いので出会いには困らない
◉思いつきで付き合うことがある
◉退屈や安定に飽きる

◉面倒な恋愛からはすぐ手を引く

神数3の女性が恋愛において一番大事にしているのは、「面白さとフィーリング」です。

いつも若々しく可愛らしい印象があるので、モテるタイプです。純粋でキラキラした表情や何でもチャレンジする大胆な一面に相手は心を奪われ、憧れの存在になります。

あなたは、一緒にいて楽しい人を好むので、真面目すぎたり行動を束縛するような相手は苦手です。付き合い出すまでの時間は関係なく、その時のフィーリングが合うか合わないかが一番の決め手となります。

恋愛の楽しい時期は良いのですが、長く付き合うとマンネリ化して気持ちが離れてしまうことがあります。

別れても友人関係でいられるのも神数3の人の特徴です。「恋人でなくなっても理解者である友人」として相手と付き合えるのは、本能で選んでいるからでしょう。

直観力が高いので、付き合う時点で相手の本質まで見抜いているから関係を続けられるのだと思います。

先のことより〝今〟が大事なあなたは、恋愛を通して多くを学び、その中で心の成長をしています。長続きしないことを悩まなくても大丈夫です。あなたが自分の本能を信じて進めば、素晴らしいご縁を引き寄せる力があります。

永遠の少年ピーターパン！神数3の男性

神数3の男性の恋愛傾向

◉冒険が好きなので恋愛もワクワクとかけ引きを楽しむ
◉相手が笑顔でいられるように努力する
◉自分からアプローチして振り向くまで諦めない
◉恋人も大事だけど友達も大事
◉羽目を外して失敗も多い
◉突然付き合い、突然別れる

神数3の男性は、「親友のようなパートナー」が理想です。

永遠の少年「ピーターパン」のような人なので、仕事も頑張りますが、プライベートのほうが真剣で本気で遊びます。遊びのレベルも高いので趣味が多く、家の中は趣味の道具で溢れているかもしれません。

恋愛もフィーリングが一番で、ややこしい関係を好みません。感情もストレートで、一緒にいて楽しい人を恋人に選びます。しかし、友人との付き合いも大事にするので、約束は友達を優先する傾向があります。そんな相手に、「私と友達のどっちが大事？」なんて質問はしないこと。束縛も苦手ですが、友情と愛情を比べる価値観がありません。

大らかで温かいハートの持ち主であり、いつも笑顔で周囲を和ませる彼は人気者でしょう。人気者はモテますから不安になるかもしれませんが、純粋なので一途な一面もあります。

嘘も上手ではないのですぐバレますが、少年らしい内面を愛して包み込んであげたり、彼が苦手な部分をサポートしてあげたりすると、信頼を寄せてくれるでしょう。

推しの神様情報

❖菊理姫命がお祀りされている主な神社
白山比咩神社（石川県）　全国の白山神社

❖菊理姫命の推しカラー
黄（イエロー）

❖菊理姫命の御神徳
縁結び　五穀豊穣　開運招福　安産育児

❖神数3の人が喜ぶ魔法の言葉
「天才！」「おもしろい！」

❖神数3の有名人例
IKKO　オードリー・ヘップバーン　葉加瀬太郎　松任谷由実　宮崎駿

❖菊理姫命と繋がる推し事
＊未知なことにチャレンジする
好奇心を刺激することにチャレンジしている時が、一番あなたらしい時です。

＊見晴らしのいい所に行く
スケールの大きな景色を眺めると心まで晴れ上がって、夢のビジョンも拡大！

＊人の好意に甘える
人を助けるのが得意だからこそ、甘えてお願いするアクションが時に必要です。

＊学ぶ・教育
ワクワクと学ぶ瞬間、神様と繋がっています。講師にも向いています。

＊移動や旅行をする
旅先での出会いや感動があなたの心を喜ばせて御神縁に感謝できるでしょう。

＊細かいことにこだわらない
人間関係も仕事も小さくまとまらないで大きく構えるとうまくいきます。

◆菊理姫命からあなたへのメッセージ

「ねえ、笑ってみせて？」

そんなふうに笑えるならいつもそうがいいよ

大人ぶっても偉そうには見えないし
カッコつけてもあなたらしくない

あなたの一番いいところは笑顔だもの
私も同じだからよくわかるの

あなたが元気に笑っているとお日様みたいで
空気がきらきらしているの
あなたに励まされたり応援されると
下を向いていたヒマワリだって
太陽に向かって大きく咲き出すわ

あなたのアイデアは
たくさんの人を喜ばせて
空に大きな虹が架かる

あなたは私と同じくらい人が好きで
私と同じくらい世の中を照らす力がある

信じて
あなたの手の中には
いっぱいの縁が集まってくる

あなたが大切にした人
あなたが大好きだと思う人
あなたが笑顔でいて欲しいと願う人
浮かんでくるでしょ？
その人の顔が

気づいて
あなたもその人たちから
勇気や希望をもらっていること

あなたを大切だと思う人
あなたを大好きな人
あなたが元気でいてほしいと願う人

あなたはすでに多くのご縁の中で生きているの

ご縁に感謝してご縁を広げていきましょう
あなたに出会った人は幸せよ
だから、あなたも幸せなの
そうしたら、私だって幸せなのよ

人と人の間に境界線なんてないの
人は何も持たずに生まれてくるのだから

今、「在る」ことすべてに
心から感謝が溢れるでしょう？

episode

神数3の生き方を魅せる人

日本アートセラピー協会代表理事　掘向 勇希さん

「神様が人になって地上に現れたらどうするだろう？」

手相鑑定で1万人の心に火を灯した堀向勇希さんは、全国で「開運未来流」の講座を開き、日本アートセラピー協会代表理事としてアート活動の普及にも尽力されています。

「わ！　ピンクのスーツに金髪!!」

ド派手なお姿とインパクトに驚きましたが、明るい笑顔と優しい人柄が大人から子どもまで大人気の先生です。

私が初めて堀向さんに出会ったのは、アート講座に参加した時です。私は、20歳くらいで絵を描くのをやめていたので、25年ぶりに描く機会になりました。その時に描いた絵を、堀向さんはいっぱい褒めてくれました。私だけでなく、その場にいる方の作品の良いところを見つけてたくさん褒めてくださったので、全員が心地よくアートする時間を楽しみました。

「絵を描くことは楽しい！」

子どもの頃、夢中になって描いていたお絵

描き。何十年かぶりに思い出すことができたのです。掘向さんが一番大事にしている「心に火が灯った」瞬間を体験し、神様アートを描くきっかけになった講座でした。

「皆さんの〝心に火を灯す〟活動を神様と共に続けていきたいです」

そう話す掘向さんは神社ツアーをされるくらい神社がお好きで、

「自分の身体を使って、どうぞ神様がなさりたいことをしてください」

と神社で神様にお伝えしているそうです。

常に「神様だったらどうするだろう?」と考えて目の前の人に優しくしたり、助言をしてあげたりして、神様になったつもりで接していると伺って、はっとしました。

「神様の視点や神様の立場を想像して行動する」

掘向さんは、齋藤一人さんのお弟子さんでもあり、神様を好きになったきっかけも、師匠の一人さんが神様をとても大切にされていた影響を受けたからだそうです。

自身も神社参拝や神様を大切にし始めてから、素晴らしいご縁が全国に広がって、無償の愛を持った方々とたくさん出会えるようになったといいます。こんなに良い人ばかりに出会っていいのかと驚くほどで、お仕事もスムーズに進んだりアイデアが湧いたり、どんどんやりたいことが叶って、人生が「開いた」と感じたそうです。

「伊勢神宮を参拝して、考え方や生き方が変わったと感じました。ご利益を願う自分から、感謝や決意を伝える自分に変わり、使命感や目標が生まれました」

伊勢神宮参拝で堀向さんは、神様からゴールデンループを授かったのでしょう。「人生の目標や志」を本人が理解した時に、「ゴールデンループ」が生まれて神様から授かると、私は考えています。

神様の視点や立場を想像して行動するのは、神様との共同作業です。神様がなさるであろう言動を想像して実行し、周囲に神様の思いを届けていくのは、素晴らしいと思います。その考え方で行動したら、世界も変わるのではないでしょうか？

「私は神様の手助けをしたいと願っていますし、神様も喜んでくださると思います」

そうおっしゃる堀向さんの言葉に〝光〟を見つけました。光の言葉は、周囲を明るく照らし、冷えた心を温めます。堀向さんの光の言葉は祝福のフラワーシャワーのように、世界中へ注がれ続けるでしょう。

神数3の人は光の存在であり、純粋な直感力で天と繋がることができます。堀向さんが神様と繋がって幸せに生きる姿は「歩くパワースポット」そのものですね。

「人を繋ぐお仕事をしているので、ぴったりな神様です！」

堀向さんはククリ姫がご縁のある神様と知って、とても興味が湧いたそうです。

「ご縁はこの世の〝お約束〟だと思います。生まれる前に決めてきた学びの相手であり出会いが決まっていた人です。縁に生かされていますから大事にしたいです」

なんて素敵な言葉なのでしょう。

ご縁は「お約束」。縁によって生かされ学ぶことは、人として一番の成長になります。

一生のうちに出会える人の数はどれほどかご存知ですか？　これは通説ですが、世界人口が80億人の中で算出された数字です。

人生で接点を持つ人は3万人

学校や仕事で知り合う人は3000人

親しい会話をする人は300人

友達と呼べる人は30人

親友と言えるのは3人

偶然なのでしょうか？　全部「3」がついています。神数3の人は、やっぱり「3」にご縁があるのですね。

堀向さんはこれからも「ご縁結びの名人」として多くの人を結び、周囲を笑顔にしていかれるでしょう。明るい笑顔で溢れるヒマワリ畑のような世界を、私も見てみたいです。

堀向さんの最新書籍『褒め活』

（ライトワーカー刊）

神数

4

櫛名田姫命《くしなだひめのみこと》

大きな愛の力で支えて護る

人は生まれながらに
本当は自由なのです

宿命はあっても
運命は自分次第で
変わっていくもの

あなたの世界に
飛び込んでくれる人たちが
垣根を超えて
縁を運んでくれます

怖がらなくていいのです
変わることは
嬉しいことなのです

◇◇◇◇◇◇◇◇◇◇◇◇◇◇◇◇◇◇◇◇◇◇◇◇◇◇

あなたがあなたらしく
生きるために
手放すものもあるでしょう
惜しいと思わず
感謝して手放しましょう

それは巡り巡って
また、あなたに幸となって
還ります

あなたは何にも縛られていません
心はどこまでも自由で
どこまでも成長し続けるのです

あなたの守護神

人生を豊かにするご神徳パワーでサポート！

稲田の神

櫛名田姫命《くしなだひめのみこと》

あなたを守護する神様は、稲田の女神「櫛名田姫命」です。

神話を知らなくても一度は聞いたことがある「ヤマタノオロチ」という怪物に食べられる運命だったクシナダ姫。天界から追いやられたスサノオ様に命を救われ、運命が劇的に変わります。スサノオ様は姫を櫛の姿に変えて自分の髪に挿し、ヤマタノオロチを見事に退治しました。その後、スサノオ様と結ばれ、破天荒な夫を支え愛された姫神です。日本神話界のシンデレラといっていいでしょう。

クシナダ姫は、あなたがどんな困難な状況にあっても乗り越えていく力と最高のステージに立って自分を輝かせる勇気を育ててくれます。そして、なりたい自分に変身する力を授けてくれます。

あなたは、本当の自分を表現したいのではないですか？　周囲のことを考えて自分を抑えて生きているのかもしれません。あなたが本来の姿に変身したら世界も変わると信じてみましょう。

神数4の性質
多くの人を支えて護る救世主

神数4の人は、誠実で一途！ピュアなハートで夢を現実化するパワーがある人です。

優しく穏やかな神数4の人は、いるだけで周りの人が癒される存在です。争いのエネルギーが嫌いなので、調和を愛し、話し合いや協力で解決しようと努力します。サポート力も抜群で、世の中のために自分の力を発揮したいと願っている人です。

誠実な人柄が周囲の厚い信頼に繋がっているので、相談役や役員、地域の仕事を頼まれる人も多いでしょう。「あなたに頼みたい、任せたい」と、引く手あまたな存在に成長します。

コツコツと積み上げる日々のルーティンワークも苦になりません。予定通りに物事が進むと気持ちが良いタイプです。だからこそ、イレギュラーな予定変更には弱い部分があります。

また、老人や子どもの支援や動物保護、自然愛護など、守りたい存在のために命を燃やして取り組む熱い意志と行動力を持っています。見た目は落ち着いているけれど熱いハートの持ち主というギャップも、あなたの魅力だと気づいてください。

縁の下の力持ちとして抜群のサポート力を持っていますが、周囲のためだけに生きていると心が詰まってしまいます。自由に自分らしく生きたいと願う本心を解放すれば、あなたが望む未来を引き寄せることができるでしょう。

櫛名田姫から「運命を乗り越えるお手本」としてのお役割をいただいています。

クシナダ姫には「定められた運命」がありました。ヤマタノオロチにその身を捧げ、里の人々を護るという重たい役目です。自分が逃げれば、みんなが犠牲になってしまうという究極の運命を前に、怖くなかったかといえばウソになるでしょう。定めを受け入れて覚悟はしていたと思いますが、スサノオ様との出会いによって姫は救われます。スサノオ様も姫を救いたいという純粋な思いに火がつき、男神力のパワーアップに繋がったと思います。

クシナダ姫のように、あなたも逃れられない運命や現実に諦めを感じているかもしれません。でも、あなたが犠牲になって喜ぶ人はいないのです。あなたはとても優しいので、私さえ我慢すればいいと、人のことを優先してしまうクセがあります。

人生の中心にいるのはあなたです。

人生の主人公は自分であることを忘れないでください。クシナダ姫は、あなたがなりたい本当の姿をご存知です。自分らしく生きる本当の姿に変身してほしいと願ってくれています。

仕事運

歴史に残る仕事がしたい！

神数4の人は、誠実に仕事に向き合う人です。

あなたは、結果をきちんと出したいので、計画的に仕事をしようと努力します。クライアントの夢や理想を現実化する力に優れているので、さまざまな方法を使って成功へと導きます。時間も大切にするので効率的な行動をし、感情より理性を働かせる才能もあります。冷静な判断力が的確なアドバイスになり、結果に結びつくことも多いでしょう。

クールな印象は一見、近寄りがたい壁に感じる人もいるので、孤独感を味わった経験もあるかもしれません。しかし、付き合うほどにあなたの優しさや器の大きさに惹かれる人のほうが多くなります。

企業であれば人材や経理など、重要なポジションを任され、個人企業でもその緻密な仕事ぶりに顧客の満足度は高く、あなたから離れません。

魔法使いのように誰かの夢を叶える仕事や人を助ける仕事であなたの本領は発揮されます。文化や技術の継承にも縁があり、歴史に残る仕事に携わる可能性も高いです。

です。適材適所に人材を配置し、大きな仕事を成し遂げるビッグヴィジョンも素晴らしいです。

しかし、真面目がゆえに頑固さが勝ってしまうと、周囲との温度差に悩むかもしれません。いい加減ができないからこそ、「どうしてそう思うのか」を丁寧に伝えましょう。

魂を込めた仕事は、ピラミッドのように後世に残る仕事になるでしょう。

適職

ピラミッドの建築家

一番向いているのは、ピラミッドの建築家です。誰もが不可能というものに可能性を見出すことができる才能の持ち主です。粘り強い性格なので、どうやったら実現できるか昼夜問わず頭を働かせて考えています。思いつきだけでは行動しないので、実行するまでに時間はかかりますが、細かいシミュレーションを何度も脳内でしているので、「いざ!実行!」となると驚くスピードで展開させていきます。

難しいと思えることも自分が勉強することで、周囲にわかりやすく説明できる能力にもすぐれています。共感力も高いので調和にも敏感

現代の適職例

公務員　法律関係　医療・介護　自然保護
NPO活動　建築関係　不動産関係　神職　伝統技術　文化事業　経営コンサル　銀行

保険　資産運用　会計士　作家など

金脈運

あなたの持って生まれた才能を活かして磨けば金脈になる！

あなたの一番の才能は「継続力と実現力」です。

理想の世界を思い描く力に溢れていて、頭の中には大きな夢が広がっています。しかし、とても頭が良く、完璧主義なところがあるので、「理想通りの結果」にならないと自ら行動をクローズしてしまう傾向があります。だから、人の夢を現実化する仕事に就いている人が多いのかもしれません。

夢を実現化していく人たちを間近に見る経験が、あなたのスイッチを押す勇気になります。あなたは簡単に夢を捨てる人ではありません。夢を持ち続ける力は備わっています。

あなたの社会的な「現実力」が金脈のカギです。行政や国の支援を使って、自分はもちろん、多くの人の夢実現に携わり、結果より経過を楽しむことが、大金脈へと繋がるヒントになるでしょう。

恋愛運

運命を好転させる愛され姫
神数4の女性

心の性で自分のハートにフィット
するほうを読んでください。

神数4の女性の恋愛傾向

◉結婚と恋愛は分けて考える
◉一緒にいるだけで相手が癒される
◉古風な価値観も持っていて理想がある
◉好きになるのも時間がかかるが、一途に尽くすので相手が離れない
◉不誠実は許せない

神数4の女性が恋愛において一番大事にしているのは「安らぎ」です。

恋愛をしないわけではありませんが、遊びの恋愛はできないタイプです。付き合って恋人になる延長線上に結婚してもいい相手かというジャッチポイントがあります。

あなたは一緒にいて「安らぎ」を感じられる相手に好意を持ちます。若い頃は刺激的な相手も好むかもしれませんが、年々自分のペースを大切にしてくれる人や内面の穏やかな人を理想的な相手として考えるようになります。

清楚な雰囲気をいくつになっても持っているあなたは、お嫁さんにしたいと男性が思う相手でもあります。告白されても慎重に相手を観察するので、付き合いだすまでに時間を必要とする場合もあります。相手に理想の女性像を求められて、うまくいかなかった経験を持っている

かもしれません。

何でも完璧にできるように見えますが、できないことを隠す必要はありません。好きになったら一途なあなたです。あなたが自分らしくいられる相手こそ、運命の相手です。

優しく聡明な森の賢者
神数4の男性

神数4の男性の恋愛傾向

◉ゆっくり愛を育てたい人
◉恋愛もマイペースで心を乱されるのが苦手
◉好き嫌いが案外多い
◉ノリで付き合うことはない
◉相手に対しても誠実で尽くす
◉精神的なつながりを重視

神数4の男性は、「お互いを尊重できるパートナー」が理想です。

公私ともに自分のペースを崩されるのが苦手なので、お互いの生活パターンやペースを理解して付き合える人を探しています。あまり自分から告白する勇気がないので、片思いを続けたり、友人のまま関係を崩せずにいる人もいるでしょう。意気投合したからといってすぐに付き合うタイプでもありません。時間をかけて相手を知りたいと思っていますし、自分のことも理解してほしいと願っています。いい加減な付き合いもしないので、「結婚が前提」という方は神数4の男性に多いかもしれません。

博識で思慮深いので相手の話も丁寧に聞き、

悩みや問題を一緒に解決しようと寄り添ってくれる優しさがあります。頷いて何でも受け止めてくれる寛容さに、大きな愛を感じるでしょう。

記念日など相手を喜ばせたくて、何日も前からプレゼントを準備するような可愛い一面もあります。

しかし、相手を気遣って思ったことをうまく口に出せないところもあるので、我慢を溜めやすい傾向があります。

相手に不要な心配をしすぎてしまうと自分のハートバランスを崩してしまうことがあります。優しいからといって彼に寄りかかりすぎるのは気をつけましょう。あなたの笑顔や感謝の言葉に、神数4の男性の心は、惹きつけられるでしょう。

推しの神様情報

❖ 櫛名田姫命がお祀りされている主な神社
須佐神社（島根県）　全国の氷川神社・八坂神社

❖ 櫛名田姫命の推しカラー
緑（グリーン）

❖ 櫛名田姫命の御神徳
五穀豊穣　縁結び　夫婦和合　厄除け開運

❖ 神数4の人が喜ぶ魔法の言葉
「嬉しい！」「素晴らしいね！」

❖ 神数4の有名人例
深海誠　野村萬斎　ビル・ゲイツ　松たか子　米倉涼子

❖ 櫛名田姫命と繋がる推し事
＊自然の中を散策する

日々の疲れや不要な感情をクリアにしたい時は自然の力で回復。自分軸をしっかりと取り戻せるでしょう。

＊水を飲む

稲田の女神が、大地のパワーや豊穣のエネルギーを水を介して注いでくれます。

＊アーシングをする

大地や水に手足をつけて自然と繋がると、体の中の不要なエネルギーを浄化してパワーアップします。

＊お米を食べる

「稲田姫」とも呼ばれるクシナダ姫の象徴がお米。日本人の体に合うため健康に過ごせます。

＊愛される勇気を持つ

クシナダ姫は受け入れる力が高い神様。愛される勇気を持てる自分になると、尽くす愛とのバランスが取れます。

＊願いが叶うイメージを持つ

叶わないと諦めると、応援はされません。“叶うと信じる”自分になりましょう。

櫛名田姫命からあなたへのメッセージ

あなたを縛るものから自由になりなさい
あなたを苦しめるものからも離れなさい

あなたは小さな頃から頑固で
融通が利かない子だったから
叱られても口をへの字にして
涙をこらえていた
そんな自分をかわいくないって思ってもいたわ

あなたが強く握るこぶしの中に
私はいつも光の種をまいていたの

悔しくても悲しくても
泣きわめくことができないあなたは
静かに心の嵐が通り過ぎるのを待っていた

それじゃあ、だめよ
諦めていたら私の授けた種は芽を出さない
自分さえ我慢すれば、なんて思ってもだめ

あなたが犠牲になって喜ぶ人はいないの

あなたの魂が生まれる時
金色に輝く稲穂のように
光り輝く魂だった
私はあなたの魂に祈ったの

あなたの人生が豊かでありますように
あなたを大切にしてくれる人が
あなたを愛してくれますように

大地の木々も水も山も、みんな繋がっているの
「根」で繋がっているのよ
根を通じて木々はお話をして
水は情報を届ける
あなたのことは大地がみんな知っている
あなたは大地に愛されている子

頑固ではなく
純粋で清らかな魂だから
自分に厳しいの
知っているわ
私は、あなたの清らかな魂が愛しい

想像してみて？
あなたの歩んだ道に無数の光の花が咲いている

あなたがあなたを解放することで
私が授けた光の種が花開く
まぶしく輝く光の道

そんな道を私に見せて

episode
神数4の生き方を魅せる人

神社研究家　永谷綾子さん

「私は愛を伝えるために生まれたと思っています」

いつも明るく清楚な笑顔の永谷さんは、日本の神様や神社が大好きで、1000社以上の神社を巡る神社研究家です。『おひとりさまの神社めぐり』（SBクリエイティブ）の著書でも、多くの神社を紹介されています。また、天使や妖精など聖なる存在とのご縁も深い方で、ヒーリングやチャネリングを教える先生です。

私は、神々のふるさとである宮崎県高千穂を訪れた時、初めて永谷さんに出会いました。そこで日本の神様と触れ合い、神様の素晴らしさや神様の優しさを永谷さんから教えてもらったのです。

永谷さんはかつて、IT企業にお勤めしていた会社員だったそうです。その頃、屋久島へ行き、地球そのものである縄文杉に出会ったことがきっかけで、自分の中に目覚めを感じたそうです。体中の細胞が動き出したような感覚になり、都会に戻ってからも同じような樹を探して歩き回るうちに、神社の御神木にたどり着いたそうです。

始まりは縄文杉からでしたが、神社に通うほどに神様にも詳しくなり、「みんな神様に愛されている」ということを伝えたいと思うようになったそうです。

「すごくわかる！」

永谷さんのお話を聞いて、私も自然とそう頷きました。

長い時を生きた樹木に、私も胸が打たれることがあります。もう一度会いたいと思う御神木もあります。人間より遥かに長い時間を生きて、いろいろな時代を見てきた樹木の優しさや包容力に、神様と同じエネルギーを感じるからです。

永谷さんは、セラピストのお仕事を通して、相談にみえるお客様が「自分の魅力に気づいて幸せに生きたい」と願っていることに気がついたそうです。

「私は現代風巫女みたいな役割で、皆さんの悩みを光のほうに導いて心に夢を抱かせてあげたい」

そう思ったという永谷さんには、「現代風巫女」という表現がぴったりだと思いました。

昔の巫女は神様の神託を受け、人々に伝えるのがお仕事でした。昔も今も悩みを抱えて苦しんでいる人はいます。少しでも自分らしく、自由に歩めるように、永谷さんは感じたことやリーディングしたことを相談者に伝えています。お客様の変化を見て、今のお仕事を天命だと感じたそうです。

「神様と人が垣根を越えて一緒に楽しむ世界で、神様の愛を伝えたいです。そして、私も自ら光ることで、周囲を照らして幸せにしたいです」

永谷さんの言葉は、神数4の人らしいと思いました。

そして、地球を愛し、御神木のように優しく揺るぎなく受け止めてくれる永谷さんの純粋なハートに「クシナダ姫」を感じます。

永谷さんのご実家の近くの神社では、クシナダ姫をお祭りしていて、よく参拝していたそうです。ご自身が初めて作ったサロンにもクシナダ姫を神棚に迎えていたので、ご縁ある神様だったとのこと。

永谷さんにとっては家族みたいな神様で、双子の姉妹のようにも感じていると聞いて、私も嬉しく思いました。

「私の幸せを自分のことのように喜んでくれる神様です」

そうおっしゃる永谷さんの姿とクシナダ姫が重なって見えました。

永谷さんは、お客様の本来あるべき魂の姿や望んだ未来へ導いて、元に戻すお仕事をされています。女性の恋愛の相談にも親身になって活動しているお姿も、クシナダ姫らしいエネルギーとサポートです。幸せなパートナーシップへ導く女性性の開花は、永谷さんの伝えたい愛の形でもあるのでしょう。

神数

5

弁財天《べんざいてん》

才能を開花して自由に生きる

人生は一度きり
せっかくの旅に出たのに
なんて顔をしておる

旅をやめるのも
行く先を変えるのも
そのまま行くのも
すべてはそなたの心ひとつ

何かのせいにしたり
自分を哀れんだり
誰かにすがったり
そなたの清き魂に似合わぬことは
しなくてもよい

◇◇◇◇◇◇◇◇◇◇◇◇◇◇◇◇◇◇◇◇◇◇◇◇◇◇

さあ、顔を上げよ
私の歌が聞こえるか？
心の耳で聞いてみよ

耳を澄ませて
感じてみよ
それは、そなたの心の歌

私と繋がれ
強く
強く縁を結ぼうではないか

あなたの守護神

商売繁盛！ 自由に生きるご神徳パワーでサポート！

財運の神

弁財天《べんざいてん》

あなたを守護する神様は、財運の女神「弁財天」です。七福神の中では紅一点の女神様です。

元々は、インドの水の女神が日本に入って「弁財天」になった説もあります。神社やお寺でもお祭りされている神仏習合を色濃く残す存在ですが、「べんてんさん」の愛称で親しまれ、人生を自由に楽しむパワーを授けてくれる神様です。川や海も守護し、浄化や流通などの商売運も強いので、物事をスムーズに進め自己表現力を高めて、才能を開く力を降り注いでくれます。

世の中が戦で乱れていた時は、人々を救うためにさまざまな道具を手にした弁財天様のお姿の像になり、世の中が平和になった時代は、武器ではなく琵琶を持つお姿に変わったそうです。神様を通して、人々の願いが反映されているのでしょうね。それだけ人に近い存在であり、親しまれていたとわかります。

誰かのために努力する弁財天様を、あなたの中にも感じませんか？　どんな方法でも探し出して救ってあげたいと奔走するあなたに似ているような気がします。

神数5の性質
自由に生きるオーラは憧れの的

神数5の人は、好奇心が旺盛で豊かな才能を活かして自由に生きる人です。

知的好奇心が主成分といっていいほど、あなたのアンテナはいつも高く、情報に敏感です。オシャレや流行をキャッチするのも早いので「次に流行るもの」がピンときたり、誰よりも早く行動に移すこともできます。ファッションセンスもあり華やかな印象を周囲に与え、人気運も高い人です。

活動的なので常に動き回っているように見えますが、停滞しているほうが神数5の人には苦しいのです。軽やかにさまざまな土地を渡り歩いたり、海外の仕事をしたりする姿は周囲の憧れの的であり、あなたらしい生き方ともいえます。

ITなど最先端技術にも興味があり、開発に携わったりエンジニアとして活躍したりする人もいます。

縛られることが嫌いなので、自由業を選ぶ人が多いです。企業にいても毎日変化のある職場なら長続きします。あなたの理想は「旅するように仕事する」ことでしょうね。

表現力も豊かなので、短い言葉で人の心をつかむキャッチコピーや広告など、宣伝分野でもあなたの能力は発揮されて注目されるでしょう。

また、何事もスムーズなのが理想で、人間関係もスムーズで広がりのある関係性を好みます。自分は丁寧に付き合っているつもりでも、交友関係が広いあなたに不安や嫉妬を向けてしまうパートナーだと息苦しくなってしまいます。お互いを「信頼」という約束ひとつで自由に付き合える人が理想かもしれません。一人が楽でいいと思っていても、寂しがり屋な一面もあります。いつもクールなあなたが「そばにいてよ」と甘えたら、普段にはないギャップに相手のハートがキュンとなると思います。

何でもできる完璧な自分を時には脱ぎ捨てて、ダメな部分も見せてしまいましょう。あなたが守っている完璧さは相手には鎧に見えているかもしれませんよ。

弁財天から「自由に自分らしく生きる」お役割をいただいています。

あなたの持っている大らかで華やかな雰囲気は、周囲の人が憧れるオーラです。思い切った決断や大胆な行動力はあなたの魅力であり、自分らしく生きるほどに輝く人です。

自由に生きるためには勇気も必要です。今

のあなたが、自由ではないと感じているのならば、心に蓋がされたような状態でしょう。あなたは押さえつけられて生きることを続けることはできない性分です。スムーズに事が運ばないときこそ、弁財天様に力になってもらいましょう。あなたの自己表現力を高めて才能を開く力を降り注いでくれます。自分に自信を持って人生を歩む姿は周囲へ大きな影響を与えます。

弁財天様は、自由に動くほど魂が輝くあなたの本当の姿をご存知です。あなたにしかない突破力で常識の壁を超えていってください。

仕事運 センスが一番大事！

神数5の人は、センスがいいかどうかが大事な人です。

自分を取り巻く環境や人間関係も「センス」の一言で完結するほど感覚を大事にします。

感覚が似ている人とは仕事がしやすいと魂がわかっていて、合わない人に合わせる時間を無駄に感じてしまいます。説明が長いのは苦手なので、1を伝えて10の理解を示してくれる理想のビジネスパートナーを探しているくらいでしょう。

感性を生かした仕事を好むので、芸術的な活動やクリエイティブな仕事に就く人が多いです。美容師は神数5の人に多い職業でもあります。美をクリエイトする仕事ですからね。

あなたは、仕事で結果も出しますが、新しい企画や挑戦をしている時のほうがワクワクします。同じことを繰り返す状況は飽きてしまうので、常に挑戦する姿勢で取り組むことで成功します。また、語学も堪能なので伝える力にも優れています。

収入に波があるとは思いますが、チャレンジが成功すると不足を一気に補ったり新しい事業を立ち上げたり、多方面でマルチな才能を活かして収入に繋げる天才です。まだこの世に存在しない仕事も作り出す可能性を秘めている人です。

適職

高天原の歌姫

一番向いているのは、高天原の歌姫です。高天原とは神々が住む天界です。神数5の人は、見た目はクールで冷静に見えますが情熱ハートの持ち主です。自分の心に嘘がつけないので、好きなものは好き！と表現して生きていきたいのです。自分の好きなことを語らせたら、あなたほど情熱を持って語れる人はいないでしょう。あなたがキラキラと好きなことを語って表現している世界こそがＭＹステージ。自分の世界は自分の舞台です。あなたが自分らしく活躍できる仕事は、あなたをますます輝かせて、あなたに関わる人も輝かせるでしょう。

現代の適職例

旅行業　ツアーコンダクター　海外関係　運輸　通訳・翻訳　IT関係　エンジニア　歌手　舞台　俳優　芸能　ジャーナリスト　飲食業　セールス　外資系企業など

金脈運

「表現力と拡大」を活かして磨けば金脈になる！

あなたの一番の才能は「表現力と拡大」です。言葉でも音楽でも絵でも「表現」の能力に優れているあなたはとても器用です。自分が楽しくできる表現のツールを使って、表に出していくことで仕事に結びついていきます。

「好きなブランドをSNSに紹介していたらインフルエンサーになってブランドから仕事のオファーが来た！」など、夢が仕事の延長線上にあり金脈にも繋がっています。あなたならではのこだわりやセンスが大金脈のヒントです。

恋愛運

心の性で自分のハートにフィットするほうを読んでください。

人生を自分らしく泳ぐ人魚姫 神数5の女性

神数5の女性の恋愛傾向

◉形にこだわらない自由恋愛志向
◉自由な雰囲気で会話のセンスも良い
◉男女差なく付き合える
◉まじめな一面とくだけた一面の両方を持つ
◉気持ちが変わりやすい
◉深い人間関係は実は苦手
◉結婚相手はダメな自分を受け入れてくれる人
◉一緒に変化して成長できる人を好む

神数5の女性が恋愛において一番大事にしているのは「自由度」です。

神数5の人は、常識や形式に捕らわれないので、恋愛に対しても独自の価値観を持っています。パートナーを選ぶ基準もフィーリングと勘です。相手を無意識でスキャンして一瞬で合う・合わないと判断します。長く付き合うことに重きを感じていないし、電撃結婚もありうる人です。

多彩な才能の持ち主なので外見は完璧な女性に見えてしまいます。できることとできないことのギャップが激しいので、ダメな自分を見せられる相手が運命の人のように思えます。常識に捕らわれない自由な恋愛をして、多くの成長をする人でもあります。

自由に生きる冒険家 神数5の男性

神数5の男性の恋愛傾向

◉モテ体質で自由恋愛派
◉新鮮な魅力を持つ人に惹かれる
◉堂々と自立した女性が好み
◉デートも流行最先端
◉日常に刺激を求める
◉まじめな部分もあり案外頑固
◉複数と付き合える器用さ
◉恋愛期間は短め

神数5の男性は、「お互いを束縛しない」関係が理想です。

神数5の男性は「自由恋愛」が理想です。結婚という決まりの中で関係を維持するより、独身でいて恋愛を楽しみたいと考えている人もいます。恋人も人生の学び相手と思っていて、学びが終わった二人は離れるものだと魂が知っているからかもしれません。華やかでコミュニケーションも上手な神数5の男性は女性にかなりモテます。情報にも長けているので、相手が喜ぶデートを考えたり最新スポットに案内したり、相手を飽きさせない魅力的な人です。

自立した女性を好むため、べったり甘えるのは苦手ですので注意しましょう。恋愛に新鮮さを求め、お互いを束縛しない自由さが神数5の男性の恋愛ポリシーと理解しましょう。

最新デジタルが大好きな神数5の男性に、手書きのメッセージは新鮮な印象を与えます。さらっと感謝の気持ちを手書きで渡すと、彼の目があなたに留まりますよ。

推しの神様情報

❖ 弁財天がお祀りされている主な神社
江島神社（神奈川）　竹生神社（滋賀県）

❖ 弁財天の推しカラー
青（マリンブルー）

❖ 弁財天の御神徳
海上安全　芸事上達　商売繁盛　財福　子孫繁栄

❖ 神数5の人が喜ぶ魔法の言葉
「センスがいい！」「カッコいい！」

❖ 神数5の有名人例
宇多田ヒカル　ゴッホ　ビヨンセ　松本潤　スティーブン・スピルバーグ　孫正義

❖ 弁財天と繋がる推し事
＊タイミングを読む
五感を使うことで直観力がアップ。普段使わない感覚も意識すると研ぎ澄まされ、ベストタイミングを逃しません。

＊掃除、いらないデータは消去する
目に見えるカタチのお掃除はストレス解消にもなり、よりクリアな思考になってアイデアが湧きます。

＊芸術芸事に触れる
細胞レベルで芸術を感じる感性を持っています。興味があるジャンルに軽い気持ちでチャレンジしましょう。

＊水に流す
記憶力が良いので忘れるのに時間がかかるかも。何事もその場で感情を流してしまうイメージを持ちましょう。

＊アクセサリーを身に付ける
いつもより華やかにしてお出かけするとワクワクしますね。そのワクワク感が弁財天様のエネルギーです。

＊旅行する、乗り物に乗って移動
旅はあなたの運気を高めますし、飛行機や新幹線など移動手段を利用すると運気の高まりを増幅できます。

弁財天からあなたへのメッセージ

私だからわかることがある。
「才能なんてないほうがいい」
そう思っておるだろう？
そうじゃ
才能のない者は助けてもらえる。
うらやましいであろう？

そなたは、才能を持っている。
人のために使おうと努力もしてきた。
人よりも先の状況を読み取り判断もできる。
適格な判断力と行動力は、
誰もが持てるものではない。
そなたの作り出す世界は魅力的じゃ。
キラキラと輝くそなたの存在も美しい。

そなたの才能を奪うような者もいるだろう。

なんのために寝る間も惜しんで
頑張ってきたのか。
なんのために我慢してきたのか。
わからなくなる瞬間がそなたを一人にする。

一人は孤独で苦しい時間。誰も自分を見ていないような気持ちになるだろう。

暗い海の底に引き込まれてはならない。
そなたには光がよく似合う。
「私は、人の役に立ちたい」
そなたの生まれる前の晩、
一緒に暁を見たのは私だ。
そなたはまだ外を知らぬ魂だったが、
母の胎内で明るく輝いていた。
早く外へ出たくてワクワクしていた。
小さな両手に希望を抱えて誰かの笑顔のために
生まれるのだと私に教えた。

力なき者をうらやむな
才能を奪う者を恨むな

そなたの才能は、
削れてなくなるような才能ではない。
そして間違わぬこと。
力なき者も奪う者も「学び相手」である。
そなたの学びは次の光になる。
そなたの明るい輝きに
希望という名前の使命が生まれる。

私はそなたの魂の輝きが
最後の光を放った時、迎えに行こう。
それまで好きなように生きなさい。
自由という船に乗って
どこまでも挑戦する者になりなさい。

episode

神数5の生き方を魅せる人

大学准教授　濱田まゆみさん

「神様と人がコラボする世界を作りたいです」

ピカっと光るような笑顔の持ち主である濱田まゆみさんと初めて出会ったのは、京都でした。お食事会でご紹介いただき、その流れで松尾大社など京都の神社巡りをしました。

意識プロフェッサー、大学准教授、作家、翻訳家と多彩な才能をいかして活動される濱田さんは、びっくりするくらい軽やかな方です。意識の研究をされているからこそ、風のように軽いフットワークを持っていて、何にも縛られない自由な意識を持っていらっしゃいます。多くの知識や経験があっても、新しいものや興味のある分野にどんどん挑戦するチャレンジャーでもあります。

「ありがとうカウンター？」

「そう、日々の生活で感謝を伝えたり感じることはしていますが、目に見える形で表すことを研究して実践しています。自分が教えている大学生にも使ってもらって〝感謝脳〟になる習慣作りを勧めています。感謝を感じた時に、カウンターをカチッと押します。毎日の中で何回感謝したのか、数字にして音として感じることで、幸福度が上がります。『ありがとうカウンター』を考案した友人のWAOさんは、1万回ごとにミラクルが起こったそうで、私もどんなミラクルが起こるか、楽しみにしながら取り組んでいます。学生たちの反応も良く、変化も大きかったです」

濱田さんのルーティンを伺ったとき、太陽拝をしてご先祖様に毎日感謝をされていることと、この「ありがとうカウンター」を教えてくださいました。

神数5の人は、現実と非現実の両方をバランスよく持っています。たとえるならば、スピリチュアルな考えを信じる側面と、スピリチュアルをデータや裏付けから検証する側面です。

ありがとうカウンターはまさに目に見える「データ」です。1万回ごとに良いことが起こることを実験して楽しんでいる濱田さんに、神数5のわくわくする冒険ハートを感じます。

現実とスピリチュアルが融合した本もあります。濱田さんと山田ヒロミさんの共著『未来先取り日記』（大和出版）です。本に書かれた例文をなぞるだけで願いが叶うという魔法の書のような本を、大学准教授が手掛けるという構図が、神数5のバランス力そのものだと思います。

「もともと運が良いほうだったと思いますが、見えない存在にサポートされていると気づいたのは、この本の出版がきっかけでした。何冊も企画はあったのにすべて行き止まり、『未来先取り日記』だけが編集者さんの手先に残ったのです。出版までの期間も短くて、たったの3か月でスピード出版になった本が『未来先取り日記』。そして、発売日が偶然にも、なんと私の誕生日だったんです！」

そう聞いたとき、私も鳥肌が立ちました。『未来先取り日記』は、8刷りされるほどのベストセラーになった本です。今年になって海外でも翻訳されて出版が決まるなど、ミラクルが連発している書籍なのです。

現代版「写経」として、日本の文化を伝える本として海外に伝わっていく過程が、まさに弁財天様の応援が入っていると感じました。弁財天様は、芸術と芸能の神様ですが、弁論の神様でもあり流通も司ります。これは、海外でもヒットしそうですね！　現実的なお仕事に神様の応援が入ると予想以上のことが起こるのも、ゴールデンループの特徴です。

神数5の特質がぴったりの濱田さんのお言葉に、弁財天様を感じます。

「幸せの波動が世界へ波紋のように広がるように、世界平和を目指したい。

自分が自分の世界の創造主として生きて、英語で世界を繋いで目に見えない世界を形にしていくことが天命だと感じています」

自由に国境を超えて意識を拡大して発展させていくエネルギーは、弁財天様のエネルギーそのものです。濱田さんの生き方に憧れてリスペクトする方がたくさん増えるでしょう。

私も濱田さんがつくる幸せの波紋が広がる世界を見てみたいです。海外の空の下で太陽みたいに笑う濱田さんは、私の憧れです。

神数
6

木花咲耶姫命《このはなさくやひめのみこと》

愛されて魅力が開花する！

咲かせたい夢はありますか?
願い事がまだ、つぼみでも
そこに心は芽吹いています

魂はみな、美しき花
花は儚くとも
古桜のように何百年と
咲き続けるたくましさもあります

花は命を繋ぐ尊い役割と
何度でもやり直せることを
あなたに教えてくれるでしょう

◇◇◇◇◇◇◇◇◇◇◇◇◇◇◇◇◇◇◇◇◇◇◇◇◇◇

あなたの花に
命を吹き込むのはあなたです

心の声を聞いてください
日はあなたを照らし
雨はあなたに知恵を授け
風は運を運んでくれるでしょう

あなたの夢のつぼみは
花咲く時を待っています

あなたの
守護神

愛と美のご神徳でLOVEパワーアップのサポート!

愛情の神

木花咲耶姫命《このはなさくやひめのみこと》

あなたを守護する神様は、愛と美の女神「木花咲耶姫命」です。純真な愛と心で世界を包み、周囲に祝福と幸福をもたらす神様です。恋愛、子宝や子育ての神として縁結びのパワーがあり、草木を芽吹かせる力もあるので、才能を開き自分らしく生きるパワーを授けてくれます。

サクヤ姫の父神が山の神様なので、「富士山」をプレゼントされています。ビッグなプレゼントですよね。富士山の頂上にもサクヤ姫をお祭りする「浅間神社の奥宮」があります。富士山と桜の守り神としても崇められる美しい姫神様です。

美しくて愛され女神のサクヤ姫でしたが、結婚して一晩で子を宿したことから浮気を夫に疑われてしまいます。「あなたの御子であれば火を放った産屋でも産まれるはず！」と、産屋に火を放って見事に赤ちゃんを産むという度胸の据わった神話があります。美しいだけではなく度胸もある神様なので、覚悟を決めて進みたいときに背中を押してくれる存在になってくれるでしょう。

神数6の性質

愛で世界はできている

神数6の人は、愛情が豊かで生きとし生けるものすべてに愛情を注げる人です。

神数6の人は、困っている人を放っておけない優しい人です。人助けは当たり前の感覚で世話好きなので、小さな頃から兄弟のお母さん的存在だったり、近所の子のお姉さんとして面倒をみてあげた経験があるかもしれません。正義感も強く公平なので、場の調和を取り持つ役割も多い人です。

美しいものに関心があるので「美」に関係する仕事を選ぶ人も多いです。美にも幅がありますが、美容やアパレル、お花、音楽、絵画芸術など、神数6の人が「美しい」と感じるものに情熱や喜びがあります。また、育てるという能力も高く、子育てや動植物の仕事に携わる人もいます。

どんな時も家庭を一番に考えているので、仕事か家庭か天秤にかけられるような場面が人生で何度もあったでしょう。そのたびに、自分のキャリアより家庭を選んだ人も多いと思います。社会で活躍する場があっても、家族の幸せを優先するのは神数6の人の愛情の現れです。

しかし、自分ばかりが犠牲になっていると感じてしまうと「無償の愛」に陰りが出てしまいます。いつの間にか「こんなにしてあげたのに」「感謝がない」と相手に見返りを求めたくなってしまいます。心に曇りが出たら、上手なストレス解消を自分に許しましょう。

仕事も隙間時間を有効活用できるタイプなので、手先の器用さを活かして手芸や料理など、家庭にいながら好きなことで活躍することができます。想像力も豊かなので、あなたならではの発想に注目が集まります。

木花咲耶姫命から「愛を伝える」お役割をいただいています。

サクヤ姫は、草木を芽吹かせるお力から「才能開花」のパワーをあなたにも授けてくださっていると感じます。あなたに関わった人が本来の才能に気づいて、その才能を開くお手伝いをするお役割があるでしょう。あなたの一番素晴らしいところは、愛で溢れているハートです。

なぜか子どもに好かれる人は、子どもに関わることに意味があります。「自分は愛される存在であって家族以外にも大切に思ってくれる大人がいる」と、子どもたちに伝える存在なのでしょう。

あなたは教える力にも長けているので、自分が得た知識をわかりやすく伝えることも得意です。自分が好きなことで趣味であっても「誰かのため」が元となっているでしょう。常に誰かの幸せを願う「愛」の世界の素晴らしさを伝えていく未来を、神様が応援してくださっています。

あなたが疲れて心が枯れそうになったら、サクヤ姫を思い出してください。あなたに溢れるほどの愛を送ってくださいます。あなたは愛の力で守られています。

仕事運

愛がなきゃ仕事じゃない！

神数6の人は、愛があるかないかで仕事をします。

神数6の人の発想は「人のため」が大きな柱になっています。誰かを助ける仕事に使命感を感じて、収入以上の働きをする情熱の持ち主です。理想の仕事に就いても環境が一番大事で、一緒に仕事をする人や上司に「愛」を感じないと一気に情熱が冷めてしまいます。利益だけを求める大人より、純粋な子どもや年齢が離れたお年寄りといるほうが居心地が良いと感じるので、教育や介護を仕事に選ぶ人もいます。

また恋愛や結婚の仕事にもご縁があるので、

ブライダル関係や美容のお仕事で愛の力を発揮するでしょう。

あなたの誠実でやわらかな包容力は、周囲の信頼になって大切な仕事を任される存在となり、いきいきと仕事をする姿はとても魅力的に見えます。

適職

物語のプリンセス

一番向いているのはプリンセスです。絵本に出てくるお姫様のようなお仕事があったら、あなたほど適性の人はいません。でも、美しくて守られるお姫様だけではないのがあなたです。

王子様がピンチなら助けに行く勇敢なハートを持ち、真実の瞳で相手の心を見る力もあります。王子様の凍った心を溶かすほどの愛のパワーで、人生の無理難題を解決していくでしょう。愛できらめく歌声は、小鳥と美しいハーモニーを奏でて、森の木々も踊り出す世界があったら最高ですね。

そんなあなたの中に広がる世界を形にする力もあります。あなたには抜群の表現力が備わっているからです。あなたの世界観をあなたの表現で表に出していきましょう。あなたが奏でる世界に響く人たちがいます。心の響き合いがやがて仕事になっていく、魔法のような仕事ができる人なのです。

現代の適職例

教育　保育士　医師　介護士　看護師　美容師　服飾関係　セラピスト　画家　音楽家　アーティスト　カウンセラー　お花関係　ブライダル関係　インテリア　香り　農業など

金脈運

「美とバランス」を活かして磨けば金脈になる！

あなたの一番の才能は「美とバランス」です。
あなたは調和に敏感で、全体のバランスを見るのが得意です。色のバランスや人間関係のバランスなど、さまざまなバランスを整える能力に長けているので、「美とバランス」が融合すると金脈が生まれます。

あなたが一番好きなことで、美の調和を考える専門家になっていくと、オリジナルのメゾットや商品も生み出されるでしょう。世の中の困りごとを美しく整えるアイデアが大金脈のヒントです。

恋愛運

心の性で自分のハートにフィットするほうを読んでください。

愛で溢れる笑顔の女神 神数6の女性

神数6の女性の恋愛傾向

◉愛するのが上手で世話好き
◉愛があるかないかがバロメーター
◉愛のない人とは付き合えないと思うが陰のある人に弱い
◉恋愛体質でモテる
◉不満が募ると爆発する
◉心配が不安になり気にかけすぎる傾向

神数6の女性が恋愛において一番大事にしているのは「信頼」です。

お互いに信頼し合って、愛し合える関係が理想です。優しく我慢強いので相手の都合も理解しようと努力します。しかし、相手があなたの愛に甘えすぎると感情が爆発してしまう時があります。男性は察する力がないので言葉にしてほしいと思うならば、自分から言葉にして伝えていきましょう。

パートナーに対しても誠実にお付き合いするので、浮気をされたり疑われたりすると一気に恋愛の熱も冷めてしまいます。それだけ「信頼」がある関係かどうかがあなたにとっては大事なのです。嫌われたくないという思いから相手の好みに合わせてしまう時がありますが、あなたはそのままで魅力的な人です。自分に自信を持って愛される勇気を持ってくださいね。

愛でいっぱいの王子様 神数6の男性

神数6の男性の恋愛傾向

◉恋愛と結婚はイコール！
◉女友達もいて女子と話が合う
◉ときめきが大事、愛は育みたいタイプ
◉愛し愛される関係を望む
◉尽くすタイプで相手を喜ばせようと努力
◉やきもちを焼く
◉自分だけを見てほしい

神数6の男性は、「愛し愛される」関係が理想です。

神数6の男性は温和で誠実な人です。温かいオーラと包容力は周囲の癒しであり、細かな気づかいやサービス精神も素晴らしいです。聞き上手でサポート力もあるので、相談役になることも多いでしょう。仕事にも誠実に向き合いますが、家庭を一番に考えているのでお休みの日は家族を優先して楽しみます。

ロマンチストな一面もあって、記念日や誕生日なども大事にしてあなたを喜ばせようと、密かにリプライズを考えてくれます。相手にたっぷりと愛情を注ぐ分、自分だけを見てほしいという気持ちもあります。あなたが友達ばかり見ているとやきもちを焼いてしまうかもしれません。繊細な神数6の男性には「ありがとう」という感謝の気持ちを、言葉や態度にして伝えると、大きな愛と信頼を寄せてくれるでしょう。

推しの神様情報

❖ 木花咲耶姫命がお祀りされている主な神社
富士山本宮浅間神社（神奈川県）　全国の浅間神社・子安神社

❖ 木花咲耶姫命の推しカラー
桜色（ピンク）

❖ 木花咲耶姫命の御神徳
縁結び　子育て　安産　夫婦円満　家内安全

❖ 神数6の人が喜ぶ魔法の言葉
「ありがとう！」「素敵だね！」

❖ 神数6の有名人例
エジソン　中島みゆき　深田恭子　マイケル・ジャクソン　山下達郎

❖ 木花咲耶姫命と繋がる推し事
＊自分にお金をかける

肌のケアや髪のケアなど、時々お金をかけてケアすると自分の状態がよくわかります。

＊愛を受け入れる

受け入れるのが上手になってきたら、相手のいいところを見つけてお伝えして。愛と笑顔の交換は素晴らしいエネルギーの循環です。

＊親切にする

一日１回「親切」な自分になりましょう。いつの間にか親切が当たり前になっている自分に成長します。

＊アート活動をする

音楽やお花や絵画など、見たり作ったりする活動をしましょう。感性が刺激されてワクワク感も増します。

＊口座を新設する

口座を目的別に持ったり、どんどん増えていくイメージを持って口座を作ってみると良いでしょう。

＊ファッションを楽しむ

これからの未来の自分に似合う服をクローゼットに並べておくと、その服が似合う自分になります。

木花咲耶姫命からあなたへのメッセージ

愛しても愛しても
あなたを見てくれない人がいます
許しても許しても
あなたを悩ませる人がいます

あなたの愛は底をついて
湧き出ていた愛の泉が
枯れてしまうと思ったでしょう

春風のように暖かく
夏の雲のように大きく
秋の実りのような豊かさ
冬の身が引き締まる厳しさ
あなたは誰から見ても素敵な人なのです
たくさんの愛を持っているから
分けてほしくてあなたの愛を
欲しいままにする人がいたのでしょう

あなたは優しくても
悲しみや苦しみを感じない人ではありません
その人の悲しみや苦しみを自分のことのように
感じられるから冷たくできないのです

あなたは小さな幼子の頃からそうだった
もみじのような手を差し出して
優しさを伝える子でした
「もういいのよ」
私は時々、その手をしまうように囁いたわ
でも、あなたは自分だけ幸せには
なろうとしなかった
自分より家族や助けたい人を大事にしてきた
だから、あなたの手の平に愛の種を授けたの
あなたの愛が渡されるたびに
愛の種がこぼれるように

見てごらんなさい
あなたの蒔いた愛の種はいくつも芽が出ている

あなたが絶望しても孤独に涙しても大丈夫
育つ力を信じましょう
私があなたを信じたように
あなたが信じる番なのです
愛した人は愛されるように
愛は宇宙の軌道に乗ってあなたへ還るのです
こじれた縁をほどく力も
切れてしまった縁を結ぶ力も持っているわ
あなたが大切にしたい縁を大切にしてください
どんなご縁を結んだのか
私のもとに還る時たくさん話してください

愛する私の親友のあなたへ

episode

神数6の生き方を魅せる人

発明家　トーマス・エジソン

トーマス・エジソンは1847年2月11日生まれ。アメリカの「発明王」と呼ばれたエジソンは、神数6の人です。

愛の数字を持っていたエジソンの人生を振り返ってみると、神数6の生き方が見えてきました。

「たった3か月で小学校退学!?」

有名なエジソンのエピソードですが、退学の理由は「好奇心が強すぎて授業を妨害」していたから。私も教師でしたからわからなくはありません。昔は特に「授業は先生の一方通行で生徒は聞く一方」でした。教える内容が決まっていると、授業を進めるために時間の制限があります。生徒の質問は授業を発展させますが、そればかりに対応できないのも現実……エジソンは小学校を退学した後、教師だった母のもとで勉強を続けます。

9歳の時には、畑の野菜を売るためにみんなが欲しい野菜を調べてから作り、需要と共有の仕組みを「野菜の宅配サービス」にして始めています。

その後、16歳で電気技師になり21歳で初の特許、電気式投票記録機を発明します。エジソンは発明の道を歩み、発明王の称号も得ましたが、手にした大金のほとんどを研究費に費やしてしまったそうです。

代表的な発明は、電話機の実用化、円筒式蓄音機、白熱電球、映画フィルム、キネトスコープ、バイタスコープ、キネトフォン、電気機関車、電気自動車など。今の時代の生活に欠かせないものばかりです。エジソンが発明するもので人々の生活が豊かになったのは間違いありません。

ガス灯しかなかった時代、安全な電気の共有のためにエジソンが選んだ材料が日本にありました。

電球の中にある電流を流す「フェイラメント」です。エジソンは京都の八幡で買った竹の繊維が熱で溶けにくいことを発見し、200時間以上も輝き続ける電球を作りました。

私は、京都の嵐山を訪ねた時に参拝した法輪寺で、エジソンと日本の関係を見つけました。山門近くにある「電電塔」です。電電塔は電気事業者の慰霊の塔でもあり、エジソンのレリーフとともに静かに京都の嵐山にあります。

その慰霊塔の前で、ふと「エジソンは愛の人」だと思ったのを思い出しました。

法輪寺には雷神である電電明神を祭る電電宮もあります。多くの電気や電波に関係するお仕事をしている方々の発展と安全を祈願されているそうです。

エジソンの発明は、多くの人の生活を豊かにしました。

もしかしたら9歳の時にした野菜の宅配サービスも電気の発明も、「お母さんのため」だったのかもしれません。常に社会のための発明であり続けているように見えますが、家庭は小さな社会の始まりです。自分の発明で、お母さんに喜んでもらいたい、生活を楽にしてあげたいという「愛」が発明のきっかけになっているように思えるのです。

私は神数33ですが「6」に資質も持っているので、エジソンの行動が自分を理解して愛してくれたお母さんへの恩返しに見えるのです。神数6の人は受けた愛を忘れることはなく、愛で返したいと願う人ですから、エジソンにとっての発明は「愛」だったとわかりました。

エジソンの日記にも「苦しい時は、私のすべてを受け止め、支えてくれた母の笑顔を思い出し、その無言の励ましに勇気づけられていた」と書かれているそうです。

親子愛がエジソンの発明を後押ししたと、日記からも感じることができました。

「天才とは、1%のひらめきと99%の努力である」というエジソンの名言が最も有名だと思いますが、私は神数6の人らしい言葉である、

「発明とは、それが人類にとって本当に必要なものなのかを判断する能力である」

という言葉を紹介したいです。

エジソンが生涯に発明した発明品は1300点にもなるそうです。誰かを幸せにするためにエジソンは、〝発明〟という才能を使い尽くして生きたと感じます。

神数

7

市杵嶋姫命《いちきしまひめのみこと》

精神を高めて才能と知性に溢れる

船が出る
輝く地平線が
お前を呼んでいる
出港の合図が鳴る
乗るのか
乗らないのか
選ぶのはお前だ
この先に何があるのか？
予想できたら
お前はきっと乗るまい

◇◇◇◇◇◇◇◇◇◇◇◇◇◇◇◇◇◇◇◇◇◇◇◇◇◇

自分で自分のことを
よく知っているだろう
まだ見ぬものや
知らないものが
お前をわくわくさせる
確かめねば
心が落ち着かぬ
自分をもっと知れ
お前が乗る船は
お前が
選ぶのだ

あなたの守護神

道開き&芸事上達のご神徳パワーでサポート!

水の神

市杵嶋姫命《いちきしまひめのみこと》

あなたを守護する神様は、水の女神で宗像三女神の「市杵嶋姫命」です。

アマテラス様とスサノオ様の剣の儀式から生まれた女神で、心の清らかさを証明しました。歴代の天皇を御守りするように、とアマテラス様から勅命(ご命令)を受けて、地上に降りた神様です。非常に霊性の高い女神様で、その気高い気品は高嶺の花のような雰囲気です。

芸術芸事を守護し、才能の開花や商売繁盛にもお力を発揮します。また、航海の女神とされるのは、ナビゲーションがなかった時代、星を頼りに航海したためです。オリオン座の三ツ星は宗像三女神という説もあり、道を示す女神として崇められました。イチキシマヒメは、あなたの迷いを祓って目標へ向かう背中を押してくれるでしょう。

神数7の性質

知性に溢れた高嶺の花

神数7の人は、興味のある世界を心ゆくまで探求したい人です

神数7の人は、見た目が知的で高貴な印象があります。物静かで読書家の人が多く、多角的な視野で物事を判断する力があります。子どもの頃は、不思議が大好きで古代文明やUFO、遺跡などがあなたをワクワクさせたことでしょう。宇宙や天体にも興味を持っている人も神数7の人に多い傾向があります。知的好奇心が高く、学びを極めるタイプなので、研究者や専門家として生きる人や、伝統工芸や技術を継承するなど職人的な仕事を選ぶ人もいます。

神数7の人が大事にしているのは「精神性」です。精神性を傷つけられることを最も嫌い、価値観が合わない人とは付き合いません。信頼が持てる人以外、友達にもならないので友人は少なめですし、寂しがり屋のわりに本音を言わないのでわかりにくさもあります。自分の殻を破って、本当は子どものように純真なところや好きなことを好きなだけ語りたいオタクな自分を表に出せると、あなたの魅力はアップします。

一人で頑張る必要はありません。あなたが思っている以上に周囲はあなたを愛していて、肩の荷を任せてほしいと望んでいます。

天市杵嶋姫命から「学びを伝える」お役割をいただいています。

イチキシマ姫はアマテラス様から「歴代の天皇をお守りするように」と勅命を受けて地上に降りられた女神様です。私が感じている話ですが、非常に神格が高い神様で高貴な佇まいです。イチキシマ姫にご縁のある方は、いい意味で自分に厳しい人が多いと思います。自分を律することができる人なので、周囲にも同じ姿勢を求めたくなるかもしれません。

また、仕事熱心なので息抜きも上手ではなく、根を詰めてストレスが体に出てしまうことがあります。それほどまでにあなたを熱中させるものや使命感を抱いて取り組んでいることを「後の世に残す」必要があります。人と関わり、伝えていくのは苦手だと思いますが、イチキシマ姫から強い精神性と知性を分け与えるお役割をいただいています。知性を分け与えることであなた自身が大きな成長を遂げると神様は伝えていらっしゃいます。大切な挑戦です。

仕事運 マニアックが好き

神数7の人は、とことん追求するマニアックな人です。

子どもの頃から不思議が大好きで、わからないことを調べたり解決する過程が楽しかったことでしょう。知的好奇心が高く、知らないことは納得いくまで調べ上げるので、賢い人が多いです。かなりマニアックなので同じ趣味の人を探すのが困難で、子どもの頃は孤独感を感じていたかもしれません。好きなことは何年と続けるので、いつの間にか膨大な知識を持つ専門家に育っています。マルチな器用さはありませんが、あなたにしかできない仕事があなたを輝かせる仕事です。

適職

天空の織姫

一番向いているのは織姫です。神様にも機織《はたお》りの神様がいらっしゃいます。織物は神事であり、神様と深い関わりがあります。神数7の人は、神聖な雰囲気を持っていて、他の人が到達できないところまで自分を深めることができます。

織物は、織り上がる模様を頭に描きながら一段一段、長い時間をかけて織っていく根気のいる仕事です。集中力があって、独自の表現力をもつあなたは、誰もができない織物を織り上げる力があります。日用品を芸術品に高めるほどエネルギーを込めることができるので、伝統工芸にも向いています。また、刀鍛冶や酒造りなど、神事につながる仕事もできる魂の持ち主です。

現代の適職例

専門家分野（分析研究、医療、法律、ITなど）　カメラマン　エンジニア　占い師　セラピスト　デザイナー　伝統文化関係　神職　僧侶　研究者　教育者　学芸員　博物館など

金脈運

「集中力と専門性」を活かして磨けば金脈になる！

あなたの一番の才能は「集中力と専門性」です。群を抜いた集中力は、あなたにしか到達できないところまで突き詰める力があります。広く浅くいくタイプではなく、納得がいくまで探求している時が最も楽しい時です。いつの間にかその道の専門家となり、あなたの知識を必要とする人が表れます。あなたのマニアックな知識こそ金脈のヒントです。表に出すことや目立つことは嫌いですが、「表現」できたら大金脈に繋がります。

恋愛運

心の性で自分のハートにフィットするほうを読んでください。

ミステリアスなかぐや姫
神数7の女性

神数7の女性の恋愛傾向

◉顔やお金より才能を好きになる
◉距離感が必要で密なやりとりは疲れる
◉相手の気持ちを察して行動できる
◉プライドが邪魔して自分から告白できない
◉告白されてもバッサリ断る
◉ずっと片思いだった思い出がある
◉簡単には心を開かないし見せない

神数7の女性が恋愛において一番大事にしているのは「距離感」です。

ミステリアスな雰囲気で、知的なイメージを持つあなたは、少し近寄りがたい印象を周囲に与えているかもしれません。あなた自身も群れて過ごすことが苦手なので、適度な距離感を保って関わり合うことが、望ましい人間関係だと思っているでしょう。恋人でも四六時中一緒だと疲れてしまいますね。

クールな人だと相手に思われても、案外、中身は純真な少女です。面白いことが好きで気さくな一面も出していくと、あなたの魅力がもっと伝わります。なかなか本心を打ち明けられないので一人で悩むことも多いと思いますが、あなたが悩むのもバカバカしく思えるくらい明るい人が、あなたの憂いを晴らす運命の相手かもしれません。

冷静と情熱の天才博士
神数7の男性

神数7の男性の恋愛傾向

◉愛情表現は苦手だが一途！
◉人見知りでアプローチは少ない
◉運命の人を探している
◉顔より才能に興味を示す
◉感情表現が苦手（好意も気づかれない）
◉言葉にして気持ちを伝えるのが苦手
◉一途で相手を大切にする

神数7の男性は、「言わなくても通じる」関係が理想です。

神数7の男性は博識で頭が良く、天才肌の人です。クールな印象で対応もスマートです。興味や関心がはっきりしていて、研究熱心。表情には出ませんが熱いハートの持ち主で、理想の実現のため密かに努力を積み重ねるタイプです。

恋愛に対しては、感情表現が苦手なので、好意を持っていても相手に気づかれないくらいです。自分から告白する勇気もなかなか持てないので、受け身の傾向があります。心を開くのにも時間がかかりますが、お付き合いすれば一途に相手を大切にするパートナーになります。

察する力が高いので、相手にも同じように察してほしいと思っています。言葉が少ないことが原因ですれ違わないように、あえて言葉にする努力が必要かもしれません。好きなことはたくさん話してくれるので、彼の話を面白がって聞いてあげると距離をぐっと縮めてくれます。

推しの神様情報

市杵嶋姫命がお祀りされている主な神社
宗像大社（北九州）　厳島神社（広島県）

市杵嶋姫命の推しカラー
紫（パープル）

市杵嶋姫命の御神徳
海上安全　道開き　財福　商売繁盛　芸事守護

神数7の人が喜ぶ魔法の言葉
「天才！」「教えて！」

神数7の有名人例
イチロー　木村拓哉　椎名林檎　ジョニー・デップ　竹内まりあ　手塚治虫

市杵嶋姫命と繋がる推し事
＊個性や生き方を大事にする
他の人と比べない生き方をしましょう。自分の好きなことや生き方に自信を持ってください。

＊考え方を変える
煮詰まったと感じたら、自然の中を歩いたり友達と騒いだりして、思考のもみほぐしをしましょう。

＊月光浴　天体観測
月や星はあなたの心を癒して遠くの宇宙に思いを馳せることができます。直感力も研ぎ澄まされて決断力もUP！

＊行動する
インドア派だからこそ「行動」も必要！　五感を使ってこそあなたの才能はさらに開きます。

＊自分を見つめる瞑想
自分の奥深くを見つめ社会からあなたを切り離す効果があり、魂のメンテナンスになります。

＊神秘に触れる
神社仏閣を巡るのは神様と直接繋がる解放の時間。滝や大岩などの精霊を感じながらリフレッシュするのも良いでしょう。

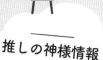

市杵嶋姫命からあなたへのメッセージ

見えないものほど大事なもの
そなたは知っているだろう
見えていることがすべてではない
それを伝えるのもそなたの役目である

長い時の中で消えていったものも
星の数ほどある
しかし
長い時の中でも消えなかったものに意味はある
お前は、それに気づいている
話しても信じてもらえないどころか
バカにされたこともあろう
人の心が怖くなって
覗くのも恐ろしくなっただろう

お前の眼は真っすぐで清らかだ
相手が隠しても見えてしまうくらい澄んでいる
その眼を隠してはならぬ
その眼こそが私
お前の眼を通して私も見ているのだ

「生まれたくない」

お前は生まれるのが決まっていた前夜に
ぽつりと言った
なぜかと問う私に
「怖い」
とお前は小さく震えたな
私はお前の肩を抱いて懐の中から生まれていく
世界を見せた
お前の眼はぎゅっと閉じられて開かない
私は目隠しをしながらこう言った
「私がお前の眼になろう」
お前は一呼吸してからゆっくりと目隠しの中で
目を開けた
私はゆっくりと目隠しを外して
お前に満天の星空を見せた
お前の眼にはきらめく星々が美しく輝いていた

恐れを知る者のほうが
多くの学びを得て真実を伝える力を蓄える

お前の見たものを
お前のやり方で伝えていくがいい

それがお前の生き方であり、お前の役目
やり切ったと思ったら私の所へおいで
また、一緒に満天の星を見よう
お前の眼が見えなくなっていても
今度は私が見て教える
お前の歩んだ道がどれほど美しく輝いているか
言葉を尽くして伝えてあげよう

episode
神数7の生き方を魅せる人

龍神アーティスト　依代義《よりしろよし》さん＆麻和《あわ》ひとさん

「これは！」

SNSで龍神しめ縄を見た時、一瞬で心に届いた神様の氣。

作った人を調べて、どうにかたどり着いたのは、他県で開催されていたワークショップでした。ワークショップの日は、どうしても開催時間に間に合わない……でも会いたい！

私が会いたかった人は、龍神アーティストの依代義さんと麻和ひとさん。

お二人は、龍神をしめ縄にした「龍神しめ縄」や、神社に奉納する大麻《おおぬさ》や龍神を精麻《せいま》で作る作家です。精麻とは大麻草の皮から表皮を取り除き、その下の部分を取り出したもので、独特の光沢をもつ強靭な繊維です。

古来から麻は、日本の生活を支える素材でしたが、神道でも「水や塩でも祓えないものを祓う」清めの道具として大切に伝承されてきました。「神様のしるし」あるいは「神様の宿る神聖な繊維」として、神社のしめ縄や鈴緒、お祓いの大幣、神官の狩衣も麻で作られています。

しかし、栽培の難しさや後継者不足などで麻農家がどんどん減少して、国産の精麻の存続が危ぶまれている問題があります。世の中の麻に対する誤解がまだ多く、国産精麻の安全性を伝えるためにお二人は作品作りのほかに、「日本の麻の文化を伝えるワークショップ」を全国で開催して、正しい認識の普及にも尽力されています。

私もそのワークショップの会場に導かれるように訪ねて行ったのですが、

「今さらだけど、厳しい方だったらどうしよう」

と、面識もなくお話ししたこともなかったので、会が終わるのを待ちながらそわそわしていました。

「わ〜！　よろしくねー！」

初めて会ったのに満面の笑みで迎えてくれたお二人は、びっくりするくらい優しくて純粋な方々でした。その後、私の住む茨城県にも来てくださり、精麻のワークショップも主催させていただきました。

お二人の仕事はきれいに分かれていて、麻和ひとさんが神具である神棚用のしめ縄や奉納作品を制作、依代義さんがお客様の個別注文を受けて龍神を形にする仕事をしています。

お二人が作る龍神は、どれも魂が宿っていて、まさに神様の「依代《よりしろ》」そのものです。生きているように体をくねらせる龍は、髭の先端まで気を抜かずに作り上げられています。指や手に豆ができてしまうほど麻をよるのは時間も根気もいります。そうやって1本1本精麻をよって編み込んで複雑な動きができる龍神になっていきます。

お二人の神数は、依代義さんが神数7で、麻和ひとさんが神数4の方です。

義さんが、龍神を作る前は旅館を経営していたと知ったときはびっくりしましたが、料理人だったと聞いてもっと驚きました。でも、神数7の人は職人気質なので、細やかな仕事や手先の器用さは料理人でも作家でも活きる才能だと納得しました。

神数7の性質にもぴったりと重なる部分も持っていらっしゃいます。

「人のためであって龍のため。龍が自由になる世界になるといい」

「感謝の心しかない。龍神を迎える人の幸せを願って作っている」

「私たちは、大地に生かされていることを忘れてはいけない」

義さんの視点は大きくて、神様と生きることとは地球と生きることと同じだと考えているそうです。

「自由に全国を旅するのは性に合っているんだよね」

お二人は全国を旅しながら各地の龍神様に出会い、土地の浄化もされていると感じています。お二人に出会った龍神は、精麻に宿り、形となって私たちにお姿を見せてくれているのでしょう。

「お二人の龍は、世界の果てまで飛んでいくだろうなあ」

精麻は、乾燥させると黄金色に輝きます。私も麻に興味を持って麻農家さんの麻引き体験に参加し、精麻の美しさや祓いのパワーを間近で感じました。

日本の伝統文化を龍神と共に伝えて、お二人の未来には広い世界が待っていると感じました。龍神のように自由に飛び回る未来を応援したいと願っています。

神数

8

豊受大神《とようけのおおかみ》

真の豊かさを知り、
絶大な信頼を寄せられる

そなたを見つけました
みなが私に頭《こうべ》を下げても
そなたの光は
私に届いたのです

その意味がわかりますか？
同じように見えても
稲から実る米は
一つひとつ違うのです

自分が誰とも違う存在であると
気づかぬ限り
皆と同じでいることに
満足してしまうでしょう

一粒の米にも神宿る

◇◇◇◇◇◇◇◇◇◇◇◇◇◇◇◇◇◇◇◇◇◇◇◇◇◇

聞いたことがあるでしょう
太陽なくて米は育ちません
米は神々の愛

愛を食べて生きているそなたが
その愛を知らないで生きるのは
おかしなことでしょう？

たくさんの愛を知って
あなたの愛を伝えなさい

私はそなたを見つけたのです
そなたは金色に輝く稲穂なのです

あなたの守護神

金運&成功のご神徳パワーでサポート！

豊かさの神 豊受大神《とようけのおおかみ》

あなたを守護する神様は、豊かさの神である豊受大神です。

伊勢神宮には内宮と外宮があって、外宮トップの神様です。毎日の私たちの生活や産業を支えて守ってくださっています。外宮の正式名称は「豊受大神宮」です。

豊受大神様は、内宮にいらっしゃるアマテラス大御神様の「御饌都神《みけつかみ》」として、1500年前に丹波の国から伊勢にお渡りになったお食事担当の神様です。アマテラス様がトヨウケノ大神様を直接伊勢にお呼びになったといわれていて、絶大な信頼を寄せられた神様です。

神宮では御饌殿《みけでん》で朝夕の二度、アマテラス様をはじめ、別宮の神々に神饌《しんせん》というお食事をお供えする「日別朝夕大御饌祭《ひごとあさゆうおおみけさい》」が毎日行われ、1500年の間続けられています。内宮の正宮階段下には御贄調舎《みにえちょうしゃ》があります。そこはなんと、アマテラス様の大好物のアワビだけを調理する建物です。その場所へ毎日、外宮からトヨウケノ大神様は出向いて、調理されたアワビをアマテラス様へ捧げているそうです。とっても仕事熱心で責任感の強い神様であり、大好きな物を必ず取り揃える「仕事力」と「愛」も大きい神様です。

トヨウケノ大神様は、豊かに生きることの意味を教え、全体を見る力や周りを統率する力をあなたに授けてくださいます。

神数8の性質

豊かで寛容な成功者のエネルギー

神数8の人は、世界の中心となって大きな夢を現実化する突破力を持つ人です。

神数8の人は、パワフルに活動し、中心的な立場で理想を実現化する周囲の憧れの存在です。個性的で自分軸を持っている人ですが、面倒見も良く男女問わず慕われます。リーダーとサポーターの両方の素質を持っていて、サポートする人がいれば、きめ細やかな仕事ぶりで裏から支える秘書のような仕事ができます。大物と知り合う機会が多く、目上の人から「信頼」を得て、仕事のパートナーや恋愛のパートナーになることがあります。

誠実な心の持ち主である神数8のあなたは、一緒にいて相手が安心できる唯一の人になります。いい意味で振り回されないので、「この人は何があっても変わらないでいてくれるだろう」と相手から信頼を寄せられるのです。「なぜ私が?」と思うことも度々あったでしょう。仕事でも若くして注目を集めるタイプです。思いがけない抜擢や実力以上の評価を得て驚いた人もいるかもしれませんね。

物事の良し悪しを見極める眼も素晴らしく、価値のあるものを見出すのも得意です。全体を上から見る鷹の眼は「正しき判断」をする力になっています。

若い時は、その判断力に自信がないと思いますが、あなたの的確な判断は年齢と共に誠実で確固たるものになるでしょう。負けず嫌いなので頑張りすぎてダウンしないように気をつけましょう。

豊受大神様から「真の豊かさを伝える」お役割をいただいています。

無理難題が目の前にあっても、投げ出さずに挑戦するのが「神数8」の人たちです。

あなたは、自分が思うより「がんばり屋」さんです。求められた以上の結果を出そうと努力するので、評価はますますUPします。懸命に取り組む姿は周囲の「協力」を知らず知らず引き寄せます。お手伝いのはずが、いつの間にか「中心」になって活動していたことがあると思いますよ。

あなたが持つ「信念や目標」が周囲の目標となって、達成へ向けて「大きなムーブメント」を起こす才能も持っています。リーダーとして活躍できる才能です。

そうかと思うと天然な部分もあって、自分の魅力に気づいていない人も多くいます。一人勝ちには興味がなく、「みんなで豊かになる方法」に興味があります。分け与えるのも自然にできるので、いつの間にか仲間ができてチームになり会社になるという展開が少なくありません。

トヨウケノ大神様はあなたの持っている求めるほどに拡大するエネルギーを信じてくれていて、「真の豊かさを知るものへの成長」を託してくださっています。

仕事運
ピンチをチャンスに変える

神数8の人は本来、人に使われるタイプではありません。

しかし、あなたが信頼するトップ、または尊敬する存在がいれば最強の右腕になれる人です。

人の下で働くのも長い目で見れば、いずれ自分の国のトップになるための「研修」に近いでしょう。信頼や尊敬できない相手の下では働けない人であり、「価値」を見出せる才能は知らず知らずに相手を本能で選んでいるのです。

トップからの学びが終わった時や、距離ができる時はいよいよ、「自分の国造り」が始まる時です。神数8の人生には必ず大きなチャンスがあります。一見、ラッキーには見えない大チャンスです。「ピンチ」こそ「チャンス」の切り替えスイッチを持つ人だと覚えていてください。大胆のようで慎重なあなたですが、突発的な事態に弱い部分があります。

でも「火事場の底力と並外れた集中力」で軽々と難題を超えていく胆力も持っていて、背水の陣になるほど熱く燃えたぎるパワーがあります。

適職

国思いの王族

一番向いているのは「王族」のお仕事ですが、今現在、限りある人しかできません。

あなたは王族と同じく常に民を思い、国のために何かできないかと考える「王家の気質」を持っています。


ビジネスセンスも高く、理想や目標に向かって努力できるあなたは、中心的な仕事に就くことが多く、それが悩みの人もいるでしょう。

仕事に迷ったら「帝王学」を学んでみるのもおすすめです。帝王学とは王族や皇族など伝統ある家柄の子どもが幼少期から学び、その立場にふさわしい能力を養う全人格的な教育です。一般の人でも「帝王学」はリーダーシップ力のヒントになると大注目されています。王族の在り方や考え方は、あなたにとって多くの生き方のヒントになるでしょう。

現代の適職例

会社経営　サロンオーナー　営業　不動産

政治家　法律　飲食業　責任者　編集　弁護士　ブランド（老舗）スポーツ選手　コンサル　監督業など

金脈運

「目標達成力」を活かして磨けば金脈になる！

あなたの一番の才能は「目標達成力」です。あなたの目標は、周囲の共感や応援を集めて自分だけのものではなくなります。何事においても中途半端を嫌うストイックな取り組み方や頑固で負けず嫌いなところも、あなたの人間的な魅力になっています。あなたの思い描く理想や達成したい目標が金脈のヒントです。あなたが「人生をかける価値あるもの」が大金脈に繋がります。

恋愛運

心の性で自分のハートにフィットするほうを読んでください。

光輝く光の王女様　神数8の女性

神数8の女性の恋愛傾向

◉恋も堂々とオープンにしたい！
◉好きになるのは自分からが多い
◉追いかけられたり束縛は苦手
◉告白されても中途半端な付き合いはしない
◉仕事を邪魔されたくない

◉自立した関係が理想
◉プレゼントも本物志向（価値）

神数8の女性が恋愛において一番大事にしているのは「価値観の共有」です。

あなたは仕事も恋愛も両立できるスマートなタイプなので、四六時中ベタベタするのは最も苦手かもしれませんね。

個性的で自分を持っているので相手に染まることもありません。多少、頑固に見えるかもしれませんが、あなたの周囲のための決断力に男性は信頼を寄せるでしょう。

なんでもそつなくできる人のように見えますが、オンとオフで人格が変わるくらいギャップもあります。そこが最大の魅力だと気づいてくださいね。キャリアガールであるあなたの可愛い部分です。

理想の相手は経済的にも自立した仕事を持つ人で、それぞれの趣味の時間や人間関係を大事に理解してくれる相手でしょう。オンの時間はしっかり働き、オフの時間をたっぷり楽しむという同じ価値観の人が一緒にいて楽なはずです。

みんなから愛される王様 神数8の男性

神数8の男性の恋愛傾向

◉ビジネスも恋愛もがんばる！
◉恋愛もリードしたい
◉追いかけられるのは苦手
◉大らかに見えて細やかな部分がある

◉仕事を優先しがち
◉相手に安心を与えたい
◉プレゼントも本物志向（価値）

神数8の男性は、「価値観の一致する相手」が理想です。

神数8の人は、大きな愛を持って周囲のために力を発揮する人です。ビジョンが広いので偏見で人を判断することはありません。人や物にも「本物の価値」を見出すのが得意で、先見の眼があります。パートナーにも同じ価値観を求める傾向があり、意見や行動も一緒の価値観で生きていきたいと願っています。

見た目は落ち着いて見えますが、ハートはとても熱い人で、理想を現実化するパワーに溢れています。金運も高く、お金が出ても不思議と入ってきます。お金を回す力があり大きく育てる才能の持ち主です。仕事も忙しいのでパートナーは寂しく感じるかもしれません。でも、相手を考えていない訳ではなく、むしろ一番に思っています。サプライズも好きなので、プレゼントを何でもないときにあげて相手を喜ばすこともします。恋愛もリードしたいタイプで、追いかけられるのは苦手です。

大らかに見えますが繊細な部分もあり、傷つきやすい面もあります。頑固で意見を曲げないのでヘソを曲げている時や素直になれないときを理解してあげると信頼を寄せてくれます。

「可能性が無限大」神数８のメジャーリーガー大谷翔平選手

毎日のように報道される活躍のニュースに心を躍らせるのは日本人だけではなく、世界にも大きな影響と勇気を与えている大谷翔平選手。ピッチャーと打者の二刀流は「不可能」と言われていたのに「可能」だと証明しました。

大谷選手の誕生日は1994年７月５日。『神さま数秘術』でみると、求めるほどに拡大する可能性を持っていて、過去生では自由な冒険家として生き、今世は「人生を楽しむ手本」となるお役目を持っています。

そして神数８の本質を「世界の中心となって大きな夢を実現化する突破力を持つ人」と表現しましたが、ピッタリの方だと思います。また、神数８の人は「目標達成」が金脈とも結びついています。

やってきた実績が信頼となり大きな金脈に育つのですが、ご本人は「結果的にそうなった」というだけで、経過こそに価値を感じていると思います。中途半端を嫌い、ストイックな取り組みと頑固で負けず嫌いの特性も大谷選手の魅力になって輝いていますね。

2024年の７月まで、大谷選手にとって決断と新展開のある年です。どんな決断をして進んでいかれるのか注目して応援したいと思っています。

ピンチもチャンスに変える後押しを豊受大神様も応援してくださるでしょう。無限の可能性と神数８の生き方を魅せる代表的な方です。

推しの神様情報

❖ 豊受大神がお祀りされている主な神社

伊勢神宮下宮（三重県）　芝大神宮（東京都）

❖ 豊受大神の推しカラー

橙（オレンジ）

❖ 豊受大神の御神徳

農業漁業守護　厄除け　商売繁盛　開運招福　金運向上

❖ 神数8の人が喜ぶ魔法の言葉

「ありがとう！」「応援しています！」

❖ 神数8の有名人例

芦田愛菜　大谷翔平　小林幸子　浜田雅功　パブロ・ピカソ　吉永小百合

❖ 豊受大神と繋がる推し事

＊目標を決める

真っすぐに努力する姿は神様にも繋がりやすく応援が入りやすくなります。

＊良いルーティンを持つ

自分のメンテナンスや小さな変化に気づくことで修正やケアを簡単にできます。

＊上質な靴を履く

上質な靴は上質な空間や人に巡りあわせてくれます。運気を上げるアイテムです。

＊寄付をする

まず自分からお金を動かすアクションが金運のはずみになります。感謝から始まる寄付は神様も喜ばれます。

＊整体に行く

体の状態が良ければ心の状態も良くなります。自分を大切にする時間も神様と繋がる時間です。

＊合わないことはすぐ止める

合わないことを続けることはストレスになるので思い切った判断も必要。全部自分で責任を負うことをやめましょう。

＊生きたお金を使う

貯金ばかりしてお金を使わないと運気も下降します。損して得取れの精神でお金を動かしていきましょう。

豊受大神様からあなたへのメッセージ

頼られると断れぬのか？
そう、それもそなたの魂である証

どんなに大変な過去があっても
自分より弱い立場の者をそなたは守るだろう
自分が傷だらけで
悲しみに押しつぶされそうでも
涙する者を慰める崇高な魂よ

そなたは「強い」のではない
勘違いをしてはならぬ
人より我慢強いから
痛くても苦しくても弱みを見せないだけ
誰も気づいてくれないからと
あきらめるのもならぬ

影日向でそなたを見ている者がいる
そなたが頑張っているから
一緒に頑張ろうと隣を歩く者もいる
助けてくれる人が
目の前にいないのではなくすぐ隣にいる
手を差し出すのではなく肩を組む相手

そなたが生まれた朝
光を宿した強い瞳が
「誰の手も借りぬ、強く生きる」と
私に伝えてきた
小さく握るそなたの手の中に
私は祝福のまじないをした
そなたが誰かを助けて手を差し出すとき
光りの種がまかれるように
そなたが肩を借りる時
強く支える者が現れるように

人はひとりでは生きられぬ

だから、安心して肩を任せていい
寄りかかってもよい

休んでよいといっても、また行くのであろう?

そう、それも
そなたの魂である証

そなたが蒔いた光の種を育て
そなたを支える者を大切にしなさい

そなたの夢が多くの者を動かす力になる

真の豊かさを知って
大きな実りを受け取りなさい

祝福された私の愛しい光よ

episode
神数8の生き方を魅せる人

カウンセラー　斎名 智子さん

「みんなが魂のままに生きられる世界を神様と一緒に作りたいです」

斎名さんと初めて出会ったのは、千葉県の香取神宮でした。私の実家が香取神宮に近く、父と母も香取神宮で結婚式を挙げ、私は生まれる前から通っていた神社といってよいご縁の深い神社です。

香取神宮をご案内したとき、斎名さんは『ほんとうは、なくてもいいもの』（サンマーク出版）という本を出版されたばかりで、作家名も「斎名」と改名したばかりでした。

作家でもあり、ヨガや瞑想を教える先生でもあり、多く著名人と対談するマルチな才能を発揮されている方です。でも、飾らないお人柄が本当に自然で、相手を緊張させる人ではありません。上品でチャーミングな雰囲気も神数8の方らしいと思いました。

斎名さんにとって人生の転機となったのは離婚でした。離婚を迷ったとき、一人で伊勢神宮を参拝したそうです。

どうしても行きたくなってレンタカーを借

りて勢いのまま行った伊勢神宮。普段だったら絶対しない行為だったのに、なぜか突き動かされたとおっしゃっていました。

伊勢神宮で心が整い、その後に参拝した「滝原宮」での出会いもあり、神社に導かれたと感じたそうです。

「生き方が変わりました。今までの人生とまったく違うフィールドを歩き、出会う人も仕事も変わりました」

そこから神様とのご縁も広がり、御神縁を大切にしたいと思うようになったそうです。

興味深い展開はその後も続きます。

離婚後に引っ越す物件を探していたところ、神棚付の物件に住むことができたそうです。以前から伊勢神宮の神棚をいつか迎えたいと思っていたところに、理想通りの物件を持った人が現れた時も「神様の導き」を感じたそうです。その神棚に「伊勢神宮下宮」の神棚を選んでお迎えしたとのこと。

「内宮ではなく、あえて外宮だったのですか？」

という私の質問に「なんとなく」と答えていらっしゃいましたが、この「なんとなく」こそ天の采配だったりします。神数8の神様は豊受大神様なので、私は豊受大神様のお導きを感じました。斎名さんが新しい人生を歩むために、直接お力を届けられる神棚をお渡しになったと思いました。

「ご縁のある神様が豊受大神様と知って驚きました。今思えばぴったりでした。ヨガや瞑想も教えているので、衣食住を司る豊受大神様は私にとっても大事な神様だったのです。応援してくださっていると思うととても嬉しいです」

本当ですね。斎名さんのやりたいことをさらにパワーアップしてくださる神様が味方だなんて、嬉しいですね。さらに良い展開は続いて、考えてもいなかったスピリチュアルなセッションもするようになり、才能がどんどん開花しているそうです。

自分自身の得意を活かして皆さんのお役に立ちたいと思っていたから、才能が開くタイミングも来た……これはゴールデンループが神様としっかり結ばれて、幸運の輪が回り始めた証です。

「目まぐるしく変化する日々の中で、自分が追い付かない時もありますが、不思議と良いほうに進んでいます」

ゴールデンループは、幸運だけではなく「新しい才能」や「気づき」も与えてくれます。

才能開花は、本来の自分に戻った証拠でもあります。

「魂のままに、心のままに生きていきたい。大人になるといらない感情や思考に固められて身動きが取れなくなります。子どもの頃のようにいっぱい笑って自分を大切にして生きていく人を増やしたいです。そういう世界を作るお手伝いをしたいです」

私は、斎名さんの美しいお顔も好きですが、すっと立った背中がカッコイイと思っています。これから心の中の柱がどんどん成長して、生き方を伝える人になると思います。斎名さんの起こすムーブメントが楽しみです。本当の魂に戻ったからこそ「魂のままに生きる素晴らしさ」を広めていかれることでしょう。

斎名さんの歩む未来には、金色の稲穂が揺れる美しい道が待っていると感じられました。

神数

9

天鈿女命《あめのうずめのみこと》

自己表現して自分らしく生きる

そなたの内に秘めたる炎は
まだ燃えている

開け
内側から開くのだ
恐ろしいであろう
本当に
内側から開くことを知らぬから
そなたが幼子だった頃
心に岩戸などなかった

◇◇◇◇◇◇◇◇◇◇◇◇◇◇◇◇◇◇◇◇◇◇◇◇◇◇

重たく大きな岩戸を
いつの間にか
己の中に作ってしまっただけ

それを人の理というなら
その岩戸は外からは絶対に開かぬ
そなたの中で燃える炎を
輝かせるのは
そなたの強き歩みだけ
消すのはたやすい
燃やすほうを選ぶ者となれ

あなたの守護神

芸能上達&開運のご神徳パワーでサポート！

芸術の女神

天鈿女命《あめのうずめのみこと》

天鈿女命《あめのうずめのみこと》は、芸術や芸能の女神です。

ある時、アマテラス様が弟神のスサノオ様の横暴さに心を痛めて岩戸に隠れ、世の中が真っ暗闇になりました。神々が絶望に暮れ、知恵を出し合いアマテラス様を岩戸から出す作戦を立てます。その時、岩戸の前で踊りを披露して、アマテラス様を岩戸から出すことに成功させた女神がアメノウズメノミコトです。

その後、アメノウズメノミコトはアマテラス様の重鎮となり傍らに仕えます。アマテラス様の孫のニニギノミコトが地上に降りる際（天孫降臨）、アメノウズメノミコトも同行します。

その時、道案内した猿田彦大神《さるたひこのおおかみ》と結ばれ、夫婦神になりました。結婚後に「さるめの君」と名前を変えていることから、女性が結婚して苗字が変わるルーツとされています。

神数9の性質

魂の共鳴を起こすアーティスト

神数9の人は、1〜9の性質を内包する人格者であり、見た目はおとなしいのですが内面には熱い情熱を秘める表現者です。

賢者のような卓越した知識と経験で多くの問題を解決し、目標に向かってストイックに努力できる人です。できないことはできるまで練習し、影の努力を人に見せません。そのため、芸事に秀でて素晴らしい活躍に繋がる人もいます。

また、感受性が強く、相手が語らずとも理解してしまう能力があります。そのため人付き合いでは気が利く存在として頼られたり、優しい人といわれたりすることが多いと思いますが、気を配りすぎて疲れやすいでしょう。物腰がソフトなのでエレガントな印象の人が多いです。

積極的に前に出ませんが、必要な場面で中心的存在になったり、的確な指揮を執る司令官のような存在になったりします。常に周囲を観察して調和を図ろうと無意識に動く傾向もあります。

金銭的にも欲が少ないので、ボランティア活動や寄付など見返りを求めない懐の深さもあります。大きな愛は人間だけでなく地球や動物、世界平和レベルに広がっていて、考え方や視野も広いのですが、意外と頑固で常識やルールに厳しい面もあります。

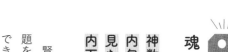

天鈿女命様からは「自分の舞台で輝く」お役割をいただいています。

あなたは、自分の才能を信じて極めることは得意ですが、常識を重んじるタイプなので、ルールに縛られやすいところがあります。自分の枠を超えていく勇気を持って、耐えることより許す人になりなさいと、アメノウズメノミコトはあなたに伝えてくれています。完璧主義にならずに自分の短所を許して相手を受け入れた時、あなたの魂は本来の力を発揮してもっと自由に表現できるようになります。自分の成功も他者の成功も同じように喜べる人なので、他者のサポートをすることでさらに魂が磨かれて成長します。

あなたが自分の舞台で表現したいことは共鳴を起こし、あなたを支援する人が集まってきます。最大限に自己表現して達成する力をアメノウズメノミコトは授けてくれます。平和を愛し、生きとし生けるものに自らの力を惜しげなく注げる器を育て、自分の使命を理解した時、あなたは大輪の命の花を咲かせる人となります。

仕事運

動物大国のオーナー

ムツゴロウさんのような「動物大国」を作る仕事に一度は憧れたり、夢見たことはありませんか？　神数9の人は人間も動物も自然も好きな人です。みんなが平和に暮らせる世の中が理想なので、そのために自分の身を犠牲にしても尽くしたいと願うハートの持ち主です。言葉を超えた繋がり合いや絆の存在を魂が知っている人だからこそ「理想」を仕事にしたいと願っていると思います。

しかし、理想が高すぎると周囲に理解されない場合があります。理想を現実化するためにもイメージしやすい世界観や方法をしっかり考えましょう。あなたの心に燃える炎に惹かれて集まる人がたあくさんいます。夢で終わらせないパワーをあなたは持っているので協力者に恵まれるでしょう。

適職

異世界の白魔導士

一番向いている仕事は、回復魔法使い「白魔導士」です。

あなたは、人のために役に立ちたいという思いが常にあり、献身的に尽くすことができるので、回復系魔法使いの白魔導士に向いています。

どのような場面においても救いの手を差し伸べる人で、責任感が強く、精神も強いので自分が信じた道を進む力に溢れています。しかし、気をつけないと人のために自分のエネルギーを使い切ってしまうことも。「人を助けるにはまず自分から」という言葉を大事にしましょう。

教え導く能力にも長けているので教員を目指

す人もいますし、動植物にも愛を注げるので、農園や飼育員など動植物に関わる仕事に就く人もいます。また、高いサポート力を生かし、マネージメントする仕事で活躍する人もいます。

イメージしやすい世界観や方法をしっかり考えましょう。あなたの心に燃える炎に惹かれて集まる人がたくさんいます。夢で終わらせないパワーをあなたは持っているので協力者に恵まれるでしょう。

現代の適職例

医師　看護師　行政　介護業　カウンセラー　弁護士　セラピスト　動物自然保護　NPO活動　児童養護支援　教師　自衛隊　芸能　芸術家　宗教家　農業など

金脈運

「救いの力」を活かして磨けば金脈になる！

あなたの一番の才能は「救いの力」です。あなたのハートを燃やす信念の炎は、誰にも消すことはできません。あなたが情熱を持って取り組み、自分の身を削ってでも努力する姿が周囲の感動を呼びます。あなたが情熱を注ぐものが金脈のヒントです。多くの人を救い、役立つものは大金脈に繋がります。その方法は、その人の数だけあります。あなたの心の炎が何に燃えるのかがヒントです。

恋愛運

心の性で自分のハートにフィットするほうを読んでください。

心に火を灯す女神 神数９の女性

神数９の女性の恋愛傾向

◉ロマンチックな恋に憧れる
◉感情表現が苦手で素直になれない
◉楽しみたいのに理性が邪魔することも
◉恋愛もルール違反はＮＧ
◉縛られるのは苦手
◉自由恋愛が理想
◉弱みを見せないので自分を出すのに時間がかかる
◉考えすぎて疲れてしまう

神数９の女性が恋愛において一番大事にしているのは「純粋な愛情」です。

あなたは、健気な片思いをずっとしていた過去があるかもしれません。愛する対象は広くても、心に決めた人を簡単に変えることができない人です。真面目で礼儀正しいので、お見合いを申し込まれたりしますが、「自分が好き」ではないと恋愛ができません。

妥協して付き合うという概念もないので、出会いのハードルを自分で高くしてしまっています。とても優しい人でお世話をするのが苦ではないため、相手は何でもできる人より少年のような一面がある男性に惹かれる傾向があります。燃えるような恋にも憧れるのですが、想像だけで満足します。恋愛は自由でいたいと思いながら、常識の枠を超える勇気を持つことがテーマでもあります。精神的な繋がりを大切にするので純愛が理想といえます。

信念の炎を燃やす勇者 神数9の男性

神数9の男性の恋愛傾向

- ●相手のためなら何でもできる！
- ●誰に対しても平等を意識
- ●平和主義だが間違いは正したい
- ●受け止める力が高く相談役が多い
- ●弱みを見せない
- ●頼られすぎると疲れる（距離感）
- ●ついつい我慢してしまうクセ

神数9の男性は、「ロマンチックな恋愛」が理想です。

神数9の人は女性に紳士的な立ち振る舞いができる優しい人です。意外と古風な考え方もするので、遊びの恋愛はなかなかできないでしょう。理想の相手を求めて独身の期間が長い人もいます。

記念日や誕生日なども覚えていて、パートナーへの気遣いや感謝も忘れません。大切な人の幸せを願い、その幸せを守ろうと体を張って頑張る人です。彼の思いに対して感謝の言葉と少しでもお返しを用意しましょう。あなたの感謝を表現する態度やさりげない気遣いに、彼も心を寄せてくれるでしょう。あまり現実的な場所のデートより、テーマパークのようなロマンチックな場所のほうが彼も素直に楽しめます。

推しの神様情報

❖ 天鈿女命がお祀りされている主な神社

荒立神社（宮崎県） 佐瑠女神社（三重県）

❖ 天鈿女命の推しカラー

赤（レッド）

❖ 天鈿女命の御神徳

芸能上達 開運 商売繁盛 夫婦円満

❖ 神数9の人が喜ぶ魔法の言葉

「感謝します！」「詳しいですね！」

❖ 神数9の有名人例

オノ・ヨーコ 徳川家康 豊臣秀吉 松本人志 美空ひばり 村上春樹

❖ 天鈿女命と繋がる推し事

＊**髪をブラッシングする**

髪の毛は邪気がたまりやすいので、ブラッシングで頭皮を刺激して不要な邪気も落としましょう。

＊**キャンドルを灯す**

疲れた夜はキャンドルだけで過ごすと火のパワーで回復が早いでしょう。お風呂にアロマキャンドルを灯すと深い癒しに。

＊**ボランティア**

自分から先にエネルギーを出す行為はパワーの循環を大きくさせます。あなたの真っすぐな信念を行動で表してみましょう。

＊**運動する**

あなたの中の火のエネルギーを強めます。運動は健康のためにも良く、自分軸を整えてくれます。

＊**直感で行動する**

あなたの判断は周囲のために最善をいつも選択しています。その直感の使い方は神様との繋がりをさらに強めます。

＊**芸術活動や自己表現**

好きなことやその時々で心が向いたことを体験しましょう。感動があなたを動かします。

天鈿女命からあなたへのメッセージ

大地の音が聞こえるか？
心臓を震わすような大地の鼓動が聞こえるか？
お前がこの世に生を受ける時
その魂の誕生を私は見た
大地の鼓動と同じくらい光り輝いたお前の魂は
何にも揺らされず
静かに燃える炎の火種を持っていた
私はその火種に炎を与えることができた

でもお前が望まねば与えることはできない
私はお前に問うた
「心の炎が必要か？」と
お前は静かに輝きながら
澄み切った光を私に見せた
お前は、「選んだ」のだな
その道は、たやすくはない
時に険しく時に果てしない道
ひたすらに歩むものだけが到達できる道を
お前は選んでいた

そんなに優しい心のお前が
傷つかずには歩めぬぞ？
私の心配を包み込むような光の魂は
覚悟と志を生まれながらに持っていた

そうか。では与えよう。お前に志が生まれた時
真っ赤な炎が燃える火の種だ
その火はお前の勢いを増し
周囲を照らす灯ともなる
人を温め生かすことができる
お前が命の炎を燃やして挑戦する
未来を守る炎だ
持っていけ、心の炎を
いつかお前が燃え尽きても案ずるな
魂が燃え尽きても

最後の光を私が抱きとめに行く
私のもとへ還る日まで
お前の命の輝きをずっと見ていよう
大地の鼓動を持つ者よ
魂を震わせ生きるのだ
お前の魂が震えるほどに
振動が起こり共鳴を起こす
共に魂を燃やすものが
お前の前に現れるだろう

お前が成し遂げたいことを諦めるな
お前はそれをするために生まれた
あの澄み切った光はお前の魂の光
お前の思う生き方を歩め
それがお前の生き方だ

episode

神数9の生き方を魅せる人

陶芸家　高橋 協子さん

私と協子さんを繋いだのは「狐さん」でした。

高橋協子さんは茨城県笠間市の陶芸家で、民話を作品にして民話伝承に尽力されています。

民話にゆかりのある神社に作品を奉納する活動もされていて、私が協子さんを知ったのも荒れていた神社に狐を奉納した記事を新聞で読んだことがきっかけでした。

その後、協子さんの個展に行った時から仲良くさせていただき、個展のたびに協子さんの作品をお迎えさせていただいています。

協子さんの作る作品は、どこか愛嬌があって可愛い神様や妖怪たちばかり。

「知らずに作るなんて失礼かなと思って」

取材や勉強をしてから形にしていると伺い、納得しました。時には古書を紐解き、土地に住む人から話を伺い、ひとつの作品になるまでに多くの時間を割いて学ばれています。

「神様たちを作るのは趣味のような気持ちで仕事をしているとは思えない。住んでいる土地も神様にお借りしているると感じているので、感謝して作品を作っています」

協子さんの作品は人がいないところでおしゃべりしていそうなくらい存在感があります。私は、ただのお人形とはいえない依代《よりしろ》としての力を、協子さんの作品に感じるのです。

「母方の祖父が神社の神主で、父方も神道の家系で育ちました。神社は遊び場でもあり、あって当たり前の環境でした。今、住んでいる茨城に引っ越ししたことがきっかけで、地元に残る民話伝承のお手伝いをすることになり、目に見えない龍や狐、妖怪などを陶芸で表現する作品作りに繋がりました」

そんな子どもの頃のエピソードも協子さんらしいと思います。いつお会いしても少女のような清らかな空気をまとう協子さんだから、純粋な思いを表現できるのでしょうね。

穏やかでふわっとした雰囲気の協子さんですが、心の炎が燃えると大きな仕事にのめり込んで才能を輝かせます。

茨城県に伝わる「四匹の狐」の伝説を知った時、作った狐の像を茨城県の静神社に奉納したのがきっかけで、荒れていた甚二郎神社へも狐を奉納したそうです。四匹の狐は、川・野・山・海を守る四兄弟の狐で甚二郎は次男の狐です。その取り組みが新聞社で紹介されて、民話の活動が本格的に始まったとのこと。自宅近くの岩間山に残る天狗伝説に繋がった時も、現代の山伏さんに連れられて富士山を登頂する体験までしたというから驚きました。

神様と人を繋げる作品や伝説を蘇らせる活動を始めて、不思議な変化も感じているそうです。

「今まで体験したことがない導きや仕事の幅が広がって、作るものも変化しました。迷った時には必ず協力者が現れるのも不思議です」

私も感じる時があるのでよくわかります。

協子さんが成し遂げようとしていることを神様が応援してくれている時、導かれるような出会いや出来事が起こります。

「神様を形作る時は、感覚やイメージで作るのではなく、できるだけ勉強してから形に落とし込みます。学ばないのは神様に失礼な気がして。これからも平らな人生でいいのです。好きなものを好きに作っていきたい。受け継がれるべきものや先人の想いも再現していけたら嬉しい」

協子さんは、裏方が好きとおっしゃいますが、作品たちは大舞台の上で堂々としています。きっと、作品たちが協子さんの代わりに舞台に立って、多くの方を魅了してご縁を協子さんにプレゼントしているのでしょう。

それは、形にしてくれた神様たちのお礼のような気がします。これもゴールデンループが美しく回転した時に起こる感謝の還元です。

「アメノウズメノミコトは炎の力も持っているのですね。陶芸も炎の力を使うから私にご縁があると感じます」

優しく笑う協子さんの未来の道の上にも、可愛い妖怪たちがワイワイと手招きしているように感じました。

最近は、表舞台に立ってお話する機会が増えていらっしゃるので、神様が背中を押してくださっているのでしょうね。これから協子さんの新しい舞台が始まる予感に私もわくわくします。

神数

11

瀬織津姫命《せおりつひめのみこと》

龍神を味方にして夢を叶える

流れているから
清くいられる

流れがとどまれば
けがれが澱《おり》のように
心の底に溜まっていく

気枯《けが》れも心が枯れること
新しい水を引く道を拓くのも
生きる道となろう

水はとどまってはならぬ
時にゆるやかに
時に激しく

◇◇◇◇◇◇◇◇◇◇◇◇◇◇◇◇◇◇◇◇◇◇◇◇◇◇◇◇

地を削り
形を変えていく

そなたの中にも血潮が流れている
血は喜ぶと清められる
心が喜ぶことを選びなさい
そなたの命は洗われる

心の底の澱を洗い出して
そなたの封印を解くがよい

あなたの守護神

龍神&浄化の御神徳パワーでサポート!

浄化の神

瀬織津姫命《せおりつひめのみこと》

あなたを守護する神様は、祓いと浄化の女神の「瀬織津姫命」です。

古事記には登場しない神様で、大祓い祝詞《のりと》に登場する祓戸《はらえど》四神の中のひと柱です。龍神を従える霊力の高い姫神であり、いろいろな説はありますが封印されたといわれる、ミステリアスな一面もあります。どこか凛として鋭く、清らかな光を放つ女神様だと感じています。

私たちは生きているだけで穢れてしまうそうです。その罪や穢れを水の力で洗い流し、清めてくださるセオリツヒメは、あなたに困難を乗り越える突破力を授けてくださります。また、思考も洗い流してクリアにしてくださるので、直感力も研ぎ澄ませて英断する力を高めてくれます。

龍神との繋がりも深い神様なので山や滝のある場所に御鎮座されていることが多いです。志を持って参拝すれば、龍神様とも繋がって大きな後押しをいただけるでしょう。あなたが目指すオリジナルな自己表現の世界を開花させ、その道のプロになる力を授けてくれるでしょう。

神数11の性質

見えない存在も味方につける

神数11の人は、見えない存在も味方にして人生の流れを変えられる人です。

神数11はマスターナンバーであり、11の使命に出合うまでは「1」や「2」の人生を歩んでいる人が多く、「目覚め」は全員に起こるわけではありません。しかし、本当の使命に出合った時の方向転換力は凄まじく、周囲が付いていけないスピードで突き進みます。

天性のひらめきやインスピレーションは多くの人に影響を与えるため、光の案内人の役割があります。他の人と違う考え方や常識にも縛られないので、「変わった人」と周囲に見られることがあります。若い頃は実績も少ないので、信用を得るのに時間がかかるでしょう。でも結果のほうがあとから付いてくるので心配はいりません。

優しいので他人を尊重しすぎて自分のこと

がおろそかになったり、相手に振り回される時があるので注意が必要です。傷つくのは自分なので自分で自分を守ることも大切です。持って生まれた感性を大切にして表現していきましょう。あなたはとても神秘的な雰囲気をまとっていて、人を惹きつける魅力があります。自分の心眼を信じて正しいと思う道を歩んでください。あなたの歩みが周囲の道しるべになります。

瀬織津姫命から「天のメッセンジャー」というお役割をいただいています。

自分が意識していなくても、自然と天と繋がり、見えない世界と現実を繋げる役割をしている場合があります。相手が本当に求めているることや本心を感じ取る力があるので、本来の自分に戻る手助けをしている人もいるでしょう。

相手にとってはあなたの言葉が本質を突くので「痛い」と感じる人もいるかもしれません。その時は反発されても、あとで「言われた通りだった」と謝られた経験がある人もいるでしょう。

本当のことを伝えるには精神力が必要です。他人の悩みを全部自分のことのように感じていたら身が持ちません。だからこそ、不必要な感情や不安や怒りを、セオリツヒメが全部、流してくださっています。あなたの心眼と言葉を、神様が特別なものとして大切にしてほしいと思っているからです。

セオリツヒメは、あなたの心をクリアに保

つことで天のメッセンジャーとしてのお役割をサポートしてくださっています。

仕事運
人生をデザインする

神数11の人は、感性が豊かでデザイン力に溢れる人です。個性的で先進的なデザインを好み、さまざまな業種でその力を発揮します。美に対する意識も高いので美容やモデルなど、若いころから突出した才能が注目されます。

その反面、個性を活かせない仕事は苦痛であり、ルールに縛られることも苦手なので同じ仕事を繰り返す職場は長続きしないでしょう。霊感や直感が鋭いので、インスピレーションを働かせる芸術活動も向いていて、広告や宣伝も得意分野です。キャッチコピーなど短い言葉で心を捉えるのも得意でしょう。持ち前の表現力と高いアンテナを活かし、フリーランスで活躍する人もいます。

神秘的な能力に目覚めると、占い師やヒーラーなど目に見えない世界で人を導く仕事をするようになる人もいるでしょう。あなたは、人と同じであることに価値を感じません。人とどれだけ違うのかに価値を見出すからこそ、自分のオリジナル性を追求して挑戦していく人生を楽しむ人なのです。

す。せっかくの素晴らしいアイデアや天性のインスピレーションを活かすためにも、創作活動と実務を分けたほうがうまくいくでしょう。できないことは無理しないで、お金をかけても依頼するか、サポートに入ってもらうと負担が減って大事な仕事に集中できる時間が増えます。

適職
邪馬台国の卑弥呼

一番向いているのは卑弥呼の仕事です。卑弥呼の仕事は巫女であり、神様の言葉を降ろして政治をしていました。でも、政治のすべてを卑弥呼が担っていたわけではありません。卑弥呼が神から受けた神託を解釈して伝える者がいました。実際に国を動かしていたのは、卑弥呼のサポーター的な立場の人です。卑弥呼が神託に集中するために仕事を分けたように、神数11の人も仕事を分けたほうがパフォーマンスも上がります。

神数11の人は、とても器用なのですが、全部を受け持つと一気に仕事の能率がダウンしま

現代の適職例

デザイン関係　ＩＴデジタル　ファッション
エンジニア　専門職　広告　マスコミ　タレント　モデル　カメラマン　占い師　ヒーラー
音楽家　画家　作家　カウンセラー

金脈運

「インスピレーション」を活かして磨けば金脈になる！

あなたの一番の才能は「インスピレーション」です。あなたのインスピレーションは、金脈のヒントです。一瞬のひらめきはすぐに消えてしまうので、メモを取るクセをつけるとひらめきが大金脈に繋がります。自分のひらめきを信じることは金脈を育てるのと同じことです。独自のセンスを持っているので、人と比べることに意味はありません。あなたの感性に響く人は必ずいます。

恋愛運

心の性で自分のハートにフィットするほうを読んでください。

神秘的な天空の巫女 神数11の女性

神数11の女性の恋愛傾向

◉恋愛もセンスが大事！
◉強気な部分と女性らしさのギャップが魅力
◉男性から一目ボレされる
◉顔も大事だけどセンスはもっと大事
◉恋愛でも無駄や損はしたくない
◉執着はしない（キッパリ）
◉合わせられるが自分リードが楽

◉「何でもいい」と言われるとイライラ
◉計画性のある人は頼りになる

神数11の女性が恋愛において一番大事にしているのは「センス」です。

神数11の人は、繊細な感覚の持ち主なので、少しの違いがストレスになる場合があります。心の中の感じ方や理解の仕方、言葉での表現の仕方など、感覚が自分に近い相手を選んで好意を持ちます。人に合わせることもできますが、その関係は精神的に疲れてしまうでしょう。

何事にも執着をしないので、あっさりと関係を終わらせてしまうこともあります。自分で選んで自分で進みたい反面、計画性のある人にも憧れるので、頼りになる人を求めている人もいます。言わなくても相手の気持ちを察してしまうので自分から身を引くこともあります。傷つきたくないからと、話し合いを避けてしまうクセは直していけるといいですね。あなたの気持ちや本音を、相手はきちんと聞きたいと願っています。本音を話したら嫌われると思わないでください。あなたの心の垣根を超えてくれる人がきっといます。

絆を愛する星の王子様 神数11の男性

神数11の男性の恋愛傾向

◉恋人のために魔法使いになれる
◉デートも楽しませるためにリード
◉感動を分かち合って言葉で聞きたい

◉相手にはきれいでいてほしいと思う
◉おだやかさと激しさの両方を持つ
◉身を引く時はあっさり
◉現実的な支えのパートナーが必要
◉本質を突くので言葉がキツイ時もある

神数11の男性は、「感動の共有ができる人」が理想です。

神数11の人は恋愛に対して、価値観やセンスが似ていて体験や感動を一緒に共有できる相手を求めています。相手をよく観察して察する力も高いので、「相手の望みや好み」を熟知するのも早いです。彼の準備するデートプランやプレゼントは、相手の望みを叶えるので喜ばれることが多いでしょう。

王子様のように優しくスマートな一面とレーサーのように熱い一面を併せ持つので、二面性に戸惑う場合もあります。どちらも彼なのですが、一方向しか見ないと長続きしないでしょう。彼も本当の自分を隠す傾向があるので、素の自分を見せられる相手かどうかは付き合ううえで大事なポイントです。

神数11の人のアドバイスはキツく聞こえますが、遠回りをさせない優しさでもあります。素直に聞く耳を持ってあげると、神数11の男性はあなたを信頼してくれるでしょう。

【マスターナンバーについて】

神数 11　神数 22　神数 33

マスターナンバーとは「ゾロ目」です。数字の重なりも意味します。

数秘術の中では、ゾロ目は強いエネルギーがあり、強運の持ち主ともいわれます。

ゾロ目の意味と重なった数字の意味の両方を持っています。

マスターナンバーを持っていても、全員がマスターナンバーの使命に目覚めるとは限りません。生まれた時からマスターナンバーで生きている人は少なく、年齢も30歳を超えていかないと本当の使命に出合わないと思います。それまでは、例として神数11の人は「1」や足して「2」の生き方をしている人が多いと感じます。マスターナンバーの内容が今の自分にフィットしていないと感じたら、「神数1」「神数2」の内容もご覧ください。今の自分に近いと感じるほうを参考にしてください。

推しの神様情報

❖ **瀬織津姫命がお祀りされている主な神社**
瀬織津姫神社（石川県）　小野神社（東京都）

❖ **瀬織津姫命の推しカラー**
紺（ネイビー）

❖ **瀬織津姫命の御神徳**
先導開拓　勝運合格　厄除け　交通安全

❖ **神数11の人が喜ぶ魔法の言葉**
「センスある！」「美しい！」

❖ **神数11の有名人例**
アンミカ　シャガール　細木数子　松本零士　美輪明宏　三宅一生　モーツァルト

❖ **瀬織津姫命と繋がる推し事**

＊海を見る、泳ぐ（水に触れる）
水に触れると清めになります。浄化はエネルギーを高める効果もあるので、水を利用してパワーアップ！

＊製作活動
独特の世界を表現するための力を持って生まれています。神様との共同作業をしてあなたの世界を表現しましょう。

＊お香を焚く
お香を使って嗅覚を刺激して思考をクリアにしましょう。瞑想して香りを感じながら立ち止まる時間が神様と繋がる時間です。

＊塩を使う
瀬織津姫のエネルギーは塩にも宿ります。不要なエネルギーを浄化してスッキリするので日常の中に取り入れると良いでしょう。

＊タロットなどのカードを引く
モヤモヤを心に抱えていると行動も鈍ってしまうあなたに、天が直接アドバイスを授けてくださいます。

＊神社参拝
神様との受信アンテナを磨く時間が神社参拝にあたるので、行ける時は神社に行くと開運します。

瀬織津姫命からあなたへのメッセージ

お前の中に封じられたものがある
わかるか？

その封印は私がしたものだ
お前が魂の試練を超えて
その先に行く時、その封印は解かれる

お前の魂は、大きな世界を私に見せた
「なぜ、お前がしなければならない
その道は険しい」
私は、お前が背負うものや苦しみを思うと

簡単には頷けなかった

それでも地上に降りると言うお前の魂に
私は、最後に封印をした
その封印は、魂の際《きわ》を包み込んで
絶対に傷つけないようにお前を守る

肉体や心が傷ついても
崇高なお前の魂を
傷つけないための封印であり
お前が命をかけて取り組む何かに

出会ったとき
魂の力を使えるように守った

お前の心はもう傷だらけで
立ち上がる勇気も湧いてこない
そんな時かもしれぬ

だが、お前はそのまま朽ち果てる魂ではない
封印を解きなさい

お前の魂の輝きに
お前を助けるものが現れる
手を繋げ
どこまでも広がる輪になる

龍の力が注がれる崇高な魂よ
大きな流れを作り出す時が来る
流れに逆らわず流れを利用して進め

episode

神数11の生き方を魅せる人

作家　妃谷朱理さん

「新しい国造りをしたいです」

作家の妃谷《ひめたに》さんと待ち合わせした場所は、出雲大社でした。初めてお会いした時から魂が「知っている」と知らせてくれた出会いでした。妃谷さんは、東京から出雲に移り住んで、作家の仕事とコミュニティ作りをしています。自分のコミュニティを作って各地のコミュニティ同士が助け合う世界を理想にしていて、親子が通える学校も作りたいと動き出しています。

「2012年に白血病を発症して、意識がまったくといっていいほど変わりました」

そう教えてくれた妃谷さんは、余命宣告を受けた過去があります。

「余命宣告された時、自分の魂のプランをやり切ると覚悟し、〝私は生きる〟と決めました」

余命宣告を受けて生きると決めたという言葉に、壮絶な思いと神様との繋がりを感じます。生きると死ぬは隣り合わせであり、コインの裏表のようなもの。死を意識しないから死が遠いものというわけではないのです。「闘病中に自分のハイヤーセルフ（高次元の自分）と融合し、宇宙からの情報を得るようになり、多くの方へ伝えなくては、と思うようになりました。それから出版が決まって5冊の本を出版しました。本を介して多くのご縁をいただいて、全国から感謝の声が寄せられています。自分は、宇宙からのメッセンジャーや天の郵便局員だと思っています」

妃谷さんは20代から2万人の悩みの相談を引き受けて、頑張り続けた先で余命宣告を受けました。とんでもなく精神が強いのかと思えばそうでもなく、たおやかにしなやかな方なのです。自分の不幸を可哀想だと嘆いて苦しむことはいくらでもできますが、妃谷さんの立っている場所はとても清らかで静かです。

とはいえ、静かと一言ではいえない、「ちはやふる魂」の持ち主でした。

千早《ちはや》ぶる　神代《かみよ》もきかず　龍田川《たつたがは》
からくれなゐに　水くくるとは

百人一首で詠まれる在原業平朝臣の恋歌を妃谷さんに感じます。

千早とは「荒ぶる」力をいい、神にかかる枕詞ですが、荒ぶる神を指すのではなく静かに立っているようで、すべてに集中している状態。妃谷さんは、動を秘めた静を持っていると思いました。

「龍神様が神様と繋がるきっかけになっています。出雲の八雲の瀧に行ったとき、〝瀬織津姫の神域に入った〟と感じました。お迎えいただいたと感じたんです。2018年にはスサノオ様に導かれて、東京から出雲へ引っ越しもしました」

病気のために都内に住むことが困難になった時、妃谷さんをお呼びになったのはスサノオ様でした。それから、体調も良くなって神様とお引き合わせするお手伝いも始めることになりました。

「作家の傍ら〝使命や役割〟を担った人に出会います。その方々に必要な神様や場所にご案内するのが、私のお手伝いだと思っています」

私も妃谷さんと出会った時、出雲の日御碕神社をご案内いただきました。境内を歩きながら何度も妃谷さんを巫女さんと見間違えました。私が視ていた姿は前世のお姿なのかもしれませんね。妃谷さんからもらう言葉は、天のメッセージそのもので「天の郵便局員」というお役割の表現の仕方がピッタリ。まさに現実と見えない世界をつなぐメッセンジャーでした。

「神様とのお志事をさせていただいている」と妃谷さんはおっしゃっていましたが、不思議と必要な人たちがどんどん集まり始めています。これも神様とのゴールデンループの効果であり、妃谷さんの意識が拡大して成長している証です。

「妃谷さんの学校はどんな学校だろう」

私は、大人も子どももキラキラした笑顔で妃谷さんの学校へ通っていく未来をイメージしました。たくさんの笑顔の中でちょっぴり日焼けした明るいヒマワリみたいな妃谷さんの笑顔を、私も見てみたいと心から思いました。そう遠くない未来の足音が聞こえています。妃谷さんの未来に、私のハートもワクワクしました。

妃谷さんの最新書籍『魂で恋をする』
（ライトワーカー刊）

神数

22

伊邪那美命《いざなみのみこと》

創造力に溢れて天命を生きる

なにを迷うのですか？
もうずっと前から
心にあるでしょう
心の中に
ずっとしまっておくのですか？

それを阻むのも
理由ではなく
あなたの心
歩むのも止まるのも
決めているのは
あなたです

◇◇◇◇◇◇◇◇◇◇◇◇◇◇◇◇◇◇◇◇◇◇◇◇◇◇◇◇

時を待つ必要があるなら
今は礎《いしずえ》を
ひとつずつ築きなさい

大きな石垣も
ひとつの石から始まります
あなたが持てる
ひとつめの石を持ちなさい

今、積める石を積むのです
そうすれば
一緒に石を積むものが
必ず現れるでしょう

あなたの守護神

創造力&神産みの壮大な御神徳パワーでサポート!

創造の神

伊邪那美命《いざなみのみこと》

あなたを守護する神様は、創造の女神の「伊邪那美命」です。神産みの神とされるイザナミ様は、神様界初の夫婦神で、イザナギ様との間に多くの神様を産んでいます。夫婦神でお祭りされることが多く、縁結びの神様でもあります。二神が協力して日本の国土も創っていますが、淡路島は初めて創った場所といわれています。創造のお力から新しいものを築くパワーを私たちにも与えてくださいます。

私が住む茨城県にある筑波山神社は、山全体が御神体です。男体山と女体山の二つの山に御鎮座されるのが、イザナギ様とイザナミ様です。紫峰と呼ばれる美しい山なので、ぜひご参拝いただきたい神社でもあります。

神数22の人は、この世に存在しない未知のものに関心があるので、表現したい「カタチ」を残すための努力をします。イザナミ様は、その努力を支えて発展させてくださいます。あなたのひらめきと発想をさらに伸ばして、光の存在として周囲を照らす器を育ててくださるでしょう。

神数22の性質

潜在能力の高さは志の高さ

神数22の人は、純粋な祈りと願いをもって天と繋がる人です。

22はマスターナンバーであり、22の使命に出合うまでは「2」や「4」の人生を歩んでいる人が多く、「目覚め」は全員に起こるわけではありません。しかし、本当の使命に出合った時の方向転換力は凄まじく、周囲が付いていけないスピードで突き進みます。

神数22の人は、華やかなオーラを持っていますが、品があって優しい人です。強運の持ち主で引き寄せの力も強いので、願ったことがすぐに叶ったり、思った以上の結果が出たりします。大ラッキーもあればアンラッキーもあるので人生は平凡ではありません。人が経験しないような体験をし、さまざまな試練もあります。

とても我慢強いので精神力がタフに見えますが、守りたいものを守るために戦っているのです。譲れないポリシーや徹底した仕事ぶりは年齢に関係なく、一目置かれる存在でしょう。

どんな時も自分で道を切り拓いて進む生き方を選ぶので、いつしかあなたは誰も真似ができない唯一のブランドになっています。持っている潜在能力の高さは随一であり、頭の中にある膨大な知識と経験をまとめ上げる力もあります。あなたの経験こそが志を生み、掲げる大きな目標はたくさんの人に影響を与えます。

伊邪那美命から「共振を起こす」お役割をいただいています。

あなたにとって神社参拝は、神様とお会いする時間ですが、実家に帰るような気持ちになる人もいると思います。神数22の人は、大切な人を早く亡くしていたり家族と疎遠になっていたり、どこかに寂しさを抱えている人がいます。神様はあなたにとって寂しさを受け止めてくれる存在であり、一人ではないことを教えてくれています。

神社で手を叩く「柏手《かしわで》」は、音で振動を起こして神様に合図を送るといわれています。振動は水の上に広がる水紋のように広がって、遠くまで届く力があります。神様は、あなたの振動が「共振」を起こしてくれると信じています。振り子の実験からわかるように、同じ長さの振り子だけが共振を起こします。振り子の紐の長さで固有振動数が決まるのならば、あなたの波動に合う人が「共振」を起こす人たちです。身近に響く人がいなくても問題ありません。逆に遠くにいる人のほうが、あなたの存在や考えを理解できるということです。

神様のような大きな視点で、あなたの成し遂げたい思いを伝えることに意味があるのです。あなたの柏手に神様が気づいてくださるように、あなたも他の人の素晴らしい魂の響きに耳を傾けて、良き協力者を得てください。

仕事運

神級クリエイター

神数22の人は、人生そのものをクリエイトするクリエイターです。強運の持ち主であり、光の存在として周囲に希望を与える仕事をする人が多いです。スケールの大きな仕事や世界に広がる仕事など、あなたにしかできない内容に年々シフトしていきます。注目されれば妬みや嫉妬も向けられるので、本当は目立ちたくないのかもしれません。

しかし、あなたが作り出す世界やメソッドは、人々の悩みを解決して勇気や希望を与えているほうが大きいことを理解しましょう。

適職

天地創造の創造主

一番向いている仕事は天地創造です。理想の世界のために、この世の中を一回壊して、最初から作り直したいくらいではないでしょうか？頭の中が壮大なので、あなたの理想を聞いているだけで周囲はワクワクすると思います。あなたは、大きくものごとを考えて今の世の中にないものを作りたい人です。いわゆる前例がないことを実現しようとするので、現実化になかなか結び付かない場合もあります。しかし、そこで諦めてはいけません。何年と時間をかけても実現したい世界ならば、思い続けて伝え続けることです。その時は、理解されなくても数年後にあなたがその道の第一人者になっています。あなたの思いに共鳴して応援する人もきっと集まってくるでしょう。

現代の適職例

建築家　起業家　政治や行政　タレント　芸術家　神職　僧侶　仏師　医療　宗教家など

金脈運

「ピンチと構築力」を活かして磨けば金脈になる！

あなたの一番の才能は「ピンチと構築力」です。あなたは体験を通して発見するタイプなので、ピンチのような出来事が人生に起こりやすいです。でも、そのピンチこそが金脈のヒント。あなたはとても知性的で膨大な情報をわかりやすぐ伝える能力に長けています。そして、ピンチを乗り越えていく姿も、勇気や希望を与えています。

あなたが問題に直面して解決した方法を大勢の人に伝えるために、「メソッド化」や「書籍化」すれば、大金脈に繋がります。

恋愛運

心の性で自分のハートにフィットするほうを読んでください。

運命の花を咲かせる女神 神数22の女性

神数22の女性の恋愛傾向

◉我慢強く弱みを見せない
◉頭がよく仕事も恋も両立
◉仕事が男性以上にできてしまう（完璧主義）
◉自分を満足させる相手が見つからない
◉突然、一目ボレする
◉突然、落ち込む
◉情熱に火が付くと止められない
◉一人でも平気と思うことがある
◉マナーの悪い人は絶対無理

神数22の女性が恋愛において一番大事にしているのは「尊敬」です。

あなたが恋愛において、相手に求めるものは

「尊敬できる相手」かどうかです。若い頃は、ルックスや楽しさで恋人を選んだかもしれませんが、相手の本質を見抜くのが早いので長続きしない場合があります。そんなあなたが長年好きな相手がいる場合は、魂に恋をしているからでしょう。魂に惹かれるのは前世の縁も強いので、年齢や性別などの常識は関係ありません。そうかと思えば、交際数日で結婚など周囲を驚かせる場合もあります。

情熱的な一面とクールに判断する一面の両方持っている部分がミステリアスで、相手を惹きつける魅力になっています。しかし、恋愛ではあまり我慢しないようにしましょう。我慢して自分を傷つけるのはもうおしまいにして、あなたが心から尊敬できる魂を探すのも幸せの道です。あなたが選ぶ相手は、魂の伴侶であるツインソウルの可能性が高いです。

夢を叶える強運のリーダー 神数22の男性

神数22の男性の恋愛傾向

◉不思議な魅力はカリスマ！
◉優しく穏やかでレディファースト
◉紳士的な振る舞いが女性から人気
◉一緒の夢を見て頑張りたい
◉恋より仕事中心になりやすい
◉恋愛も仕事も頑張りすぎる傾向
◉長く付き合うのが理想
◉遅刻やお金に厳しい

神数22の男性は、「古風な女性」が理想です。

神数22の男性は、恋愛に対して先進的に見えますが、古風な考えも持っています。どこかで一歩後ろを歩くような人や、家庭を守る専業主婦でいてほしいと願っているかもしれません。古い考え方だと思いますが、理想を思い描くタイプなので案外多いかも。見た目以上に男気が強い部分があるので誤解をされますが、大切な人を守りたいから自分のテリトリーに置いておきたいと思うのです。

縛っているつもりはないのですが、言葉が少ないので理解に対話が必要です。相手の気持ちや自由度には個人差があるので、できるだけ言葉にして伝える工夫をすればきちんと理解してくれます。

愛が強いからこそ自分だけを見てほしいし、独占したいと思う彼のハートは、純粋な気持ちの表れでもあります。

黄泉の国ってどこ!?

イザナミ様は、火の神を産んだときに火傷を負って亡くなっています。

その後、「黄泉の国」に行くのですが……どこだか知っていますか？

死者の世界を「よみ」と呼び、元々あった大和ことばに「黄泉」という漢語が当てられました。

漢語で「黄泉」は“地下の泉”という意味だったので、地下の世界が「あの世」という認識になった説と、古事記ではイザナミ様を追ってイザナギ様が黄泉の国へ行くときに「黄泉比良坂《よもつひらさか》」が登場し、“坂”という文字からも黄泉は低い場所にあるという説があります。

「黄泉比良坂」は島根県の東出雲町にあり、出雲の国を「根の国」と呼びます。

根の国も地下や海中など異世界を表します。

黄泉平坂は黄泉の国への入り口でもあり、怖いイメージかもしれませんが、イザナミ様とイザナギ様が「この世とあの世」に別れた場所です。

私はケンカ別れではなく「誓い合った場所」と考えていて、昼の世界と夜の世界のような“陰陽”の関係の二神が、宇宙的バランスで世界を守ってくれていると思っています。

推しの神様情報

❖ 伊邪那美命がお祀りされている主な神社
多賀大社（滋賀県）　筑波山神社（茨城県）

❖ 伊邪那美命の推しカラー
白（ホワイト）

❖ 伊邪那美命の御神徳
縁結び　夫婦円満　出世開運　商売繁盛

❖ 神数22の人が喜ぶ魔法の言葉
「素晴らしい！」「最高だね！」

❖ 神数22の有名人例
岡本太郎　坂本龍馬　デビィ・スカルノ　松田聖子　レオナルド・ダヴィンチ

❖ 伊邪那美命と繋がる推し事
＊自分の好きな世界を極める

自分のためにだけではなく多くの人を救う手立てを真剣に考えるあなただからこそ「極める」行為は神様との共同作業です。

＊瞑想

大地や宇宙と繋がって自分で自分を癒す効果も。大自然の中で行うと魂のリフレッシュに。

＊神社や仏閣巡り

秘境の山の神社や長い階段など冒険のようなワクワク感があなたを元気にします。

＊孤独感を手放す

目の前にいなくても多くの応援や愛を受け取っていることを思い出してください。

＊お墓参り

あなたの努力を見守ってくれている一番の存在はご先祖様です。命あることに感謝することで背中を押してくださるでしょう。

＊頭皮マッサージ

無意識に天の情報を受け取っています。お風呂の中で揉み解すようにマッサージすると夢の中でもメッセージが受け取りやすくなります。

伊邪那美命からあなたへのメッセージ

大地の声を聞く者よ
天の声を聞く者よ
見えないものを見る者よ
あなた今、幸せですか？
疲弊して立ち上がれないほど苦しいですか？

あなたは、そのどちらも
経験していると思います。
人が感じられないほどの幸せも
どん底まで陥る苦しみも。
あなたは今世で覚悟をして生まれた魂です。
多くの学びを得るため、さまざまな出会いも
別れも経験するでしょう。

「泣いたり笑ったり忙しい子……」
あなたの魂はいつも朗らかで
明るく無邪気だった。
その明るい魂の姿が本当のあなたです。
でも、子どもの頃から大人びたところもあって、
理不尽なことを黙って受け入れる
我慢強さもありました。
たとえ、相手が大人であっても

間違いは許せない清き魂だったから
あなたの的を突いた言葉に泥のような言葉を
投げつけられたこともあったでしょう。
「私は、ちっとも可愛くない」
上手に甘える子を横目に自分のことを
傷めつけるのはもう、止めなさい。
あなたが可愛くないなんて、
それこそ間違いです。

あなたの優しい心や繊細な感覚は
草花の声や精霊の声まで
感じることができます。
ふとしたときに香る花の香りや
梢が揺れて木漏れ日がきらきらする時は
あなたに自然が話しかけている時です。

あなたは地球から愛されているのです。
人はすぐに忘れてしまいますが
地球という命で溢れた美しい船に乗っています。

永遠ではないから
あなたに命の星に生きる幸運を
知らせてほしいのです。
自然に宿るものたちは声なき者ではありません。
声を聞くのを人が止めてしまっただけ。

あなたのできることで
生きる喜びと自然の大切さを伝えてください。
あなたが地球を愛するように
地球があなたを愛します。
私は愛をあなたへ贈ります。

episode
神数22の生き方を魅せる人

アロマビジョン代表　齊藤 帆乃花さん

私は、帆乃花さんの立派なストーカーでした（笑）。

「この人に会ってみたい」

あるブログに登場していた「シャーマン」という人のチャネリングがすごくて、この方に会ってみたいと常々思っていました。お友達が書いていたブログの記事の中で、どうやらアロマサロンをされている、雑誌の取材を受けたと知って、調べて見つけることができました（完全にストーカーで我ながら怖い……）。

リアルに会いたいと願っていた時に、帆乃花さんが出版記念の神社ツアーを開催すると知って、茨城県から名古屋の熱田神宮まで行きました。

帆乃花さんと初めて出会った時、「知っている」とお互い感じたと聞いて不思議でした。「わからないけれど好き」と告白し合う謎の二人でしたが、その後もサロンに通わせていただいたり、帆乃花さんのアロマに私もたくさん救われました。

私のようになぜかわからないけれど会いたいと思う人がいたら、きっと前世での繋がりがあると思います。男女に限らずご縁は前世から引き継がれているので、出会うタイミングも必ず作られています。

「20歳の時の病気が原因で、体験した臨死体験を伝えなくては、という思いに駆られるようになりました。アロマとの出会いの中で、植物の力に癒され、人間の持つ治癒力に注目するようになりました」

帆乃花さんがアロマを仕事にするきっかけは、南米のシャーマンとの出会いでした。その後、出雲大社に参拝しスサノオ様と強い縁を感じて、そこから神様と繋がるチャネリングをする流れになったそうです。私が、シャーマンとして帆乃花さんをブログで見つけた頃とも一致してくるので、ひとつのアクションがいくつもの出会いや可能性の扉を開けると、帆乃花さんを見て感じました。

一人で始めたアロマサロンもお仕事がどんどん増えて、今では数名のセラピストさんがいます。全国津々浦々に顧客を持ち、都内のサロンまで飛行機で来る方もいます。

サロンの予約はあっという間に埋まり、販売する商品もすぐ完売する人気店になりました。私はサロンの成長を間近で見てきた顧客でもあるので、それはそれは驚くスピード成長でした！

神様とのやり取りや学びが『神さまと縁む

すび！』（ナチュラルスピリット）という本になって発売され、待望だったアロマの本『香りの力で潜在意識を浄化する』（フォレスト出版）も続くように出版されました。

帆乃花さんの成功は、神様と人を繋ぐお仕事をされた〝ご褒美〟と、一言では片づけられないと私は思っています。

帆乃花さんは、大きな愛で大地や空気や水とも繋がれる太い根を持っているのでしょう。その根は地球深くに繋がっていて、大地を癒す力を感じます。

帆乃花さんは、サロン経営のほかに、神社やパワースポットを巡る「リトリート」を開催しています。単なる神社ツアーではなく、土地の浄化や活性化、磁場の調整など、目に見えないエネルギーで大地と繋がる体験を、参加者と共有されています。大地と人が繋がることで、両方がパワーアップできるのではないかと考えて行動しているそうです。

「日本列島を走る〝龍脈〟と呼ばれる場所は、災害にも繋がる重要な場所であり数多くの神社が存在します。必要な場所に出向き、できる範囲で神様の手助けをしたいと思っています。龍の国、日本を元気にして復活させたい。日本の神様と龍神様と力を合わせて龍脈を通し、〝龍氣〟を動かすことで土地も人も豊かになって感謝で生きる日本をつくっていきたいです」

ひとりの人ができることは小さいけれど、みんなの力を合わせて地球を元気にしたいと思う活動が本当に素晴らしいですし、大きな愛はゴールデンループを大きく育てます。帆乃花さんの思い描く未来を一緒に手伝いたいと願う人が、ゴールデンループを支えているように感じます。

ゴールデンループが大きくなっても大丈夫なのは、一人ではなくなるからです。拡大するゴールデンループの中心の軸となる人が帆乃花さんで、その輪をたくさんの人が支えて一緒に回してくれるようになります。

「どこまでもカッコイイ!」

帆乃花さんの生き方は私の憧れであり、懐かしい魂の友の未来をこれからも応援したいと願っています。多分、お互いに前世で何かを約束してきたのでしょう。それが何なのか、はっきりと思い出せないのは、まだ神様の秘密なのかもしれないので、楽しみにしたいと思っています。この世での再会を、神様にも感謝しました。

この世にないものを創り出す神数22の帆乃花さんの今後の展開が楽しみです。多くのご縁を繋いで、大きなゴールデンループが輝く未来が待っていますね。

神数

33

神産巣日神《かみむすびのかみ》

宇宙に愛され理想の世界を造る

すべての始まりは
無から始まる

何も持たず
何も知らず
何者かもわからず
そなたは生まれた

命の雫を浴びて
天地を渡り
そなたはこの地に降りた

◇◇◇◇◇◇◇◇◇◇◇◇◇◇◇◇◇◇◇◇◇◇◇◇◇

わたくしはずっとそなたを
見つめてきた
心が躍る喜びも
立ち上がれないほどの苦しみも
知っておる

よう生きた

だが、まだそなたには
やることがある
わたくしとの約束を
思い出す時が来る

あなたの守護神

宇宙の神 神産巣日神《かみむすびのかみ》

宇宙規模の愛&ひらめきの御神徳パワーでサポート!

あなたを守護する神様は、宇宙の女神の「神産巣日神」であり、宇宙創成の神「造化三神《ぞうかさんしん》」のひと柱神です。

天津神《あまつかみ》は「独り神」といって性別のない神様なのですが、カミムスビ様は女神の説が残っていて「大地の母神」ともいわれています。カミムスビ様は生命の復活と死を司り、豊作・縁結び・厄除け・開運などのご神徳があります。

日本神話では、大国主《おおくにぬし》を蘇生する手助けをし、国造りや出雲大社創設の指揮をとったことから、出雲の神々の祖神とも讃えられています。

あなたの神秘的な魅力を開花させて、自分の追求したい世界の中心になる力を授けてくれるでしょう。大きな救いの力で、あなたを守ってくれます。

神数33の性質

理想の世界を生きるカリスマ

神数33の人は、生き方そのものが「愛」の人です。

33はマスターナンバーであり、33の使命に出合うまでは「3」や「6」の人生を歩んでいる人が多く、「目覚め」は全員に起こるわけではありません。しかし、本当の使命に出合った時の方向転換力は凄まじく、周囲が付いていけないスピードで突き進みます。

考え方も生き方も世の中の規格に収まらないスケールの大きさを持っており、並外れた発想力と直観力で行動します。華やかなカリスマ性があり、輝くオーラをまとっています。神秘的な雰囲気で、年齢より若々しくチャーミングだったりセクシャルだったりするので、人を惹きつける魅力があります。

ものすごい集中力と行動力を持つので、「神数33が築く世界」は誰にも真似ができません。それゆえ、周囲から「変わった人」と思われ、理解されずに孤独な人もいるでしょう。

天性のバランス感覚で周囲の調和を無意識に整える能力も随一で、華のある存在ですが、方向音痴だったり人の顔が覚えられない、片付けられないなど、生活するうえでは裏方で支える人が必要な一面もあります。愛嬌があるので、そのアンバランスさもギャップとなり魅力のひとつに映るのも、愛されキャラらしい特徴です。

神産巣日神から「理想の世界の構築」というお役割をいただいています。

自分の世界でありながら誰かを幸せにできる世界がテーマです。続けることが苦手なあなたが「飽きない」ことは何ですか？「やってみたい」と心に秘めていることは何ですか？

気づいている人は迷わず進みましょう。見極めた人には目覚めがやってきます。目的地が定まったとき、真の神数33の扉が開きます。

神数33の人は社会や世の中に向けて、特別な直観力と行動力で「生き方の見本」となる器があります。さまざまな生き方を周囲の人に見せることで感動を与え、生き方に影響を与える役割を持っているのです。あなたのチャレンジがみんなの夢や願いになった時、「応援の渦」は宇宙創成のエネルギーと化します。

仕事運

無限の愛情パワー！

神数33の人は物腰やわらかで上品な印象ですが、ストイックなほど目標や使命のために努力をします。女性でも役職に就いたりリーダーになったりする人も多いでしょう。

サポート力もあって指揮する能力もあるので、ジャンルは問わずいろいろなことができる人です。中でも対人関係の仕事に、一番変化があって面白みを感じるはずです。

どこでも人気があり注目されますが、湧き出る泉のような愛情パワーで他人に尽くし魂が満足するまで頑張るので、時々オーバーワークになって体調を崩すこともあります。

他人の気持ちを察するのが得意でも、自分の気持ちに無頓着なところが課題でもあります。愛が広いので子どもやお年寄り、動物、自然などを守ったり育てたりする仕事に興味がありま す。学ぶのが好きなので興味があると納得するまで追求し、気づけばその道のプロになっています。

適職

世界を守る魔法少女

一番向いている仕事は「魔法少女」です。人を支えてサポートする仕事が向いています。正義感が強く「人助けが趣味」なので、人から感謝されることで成功します。変身願望もあるのでぴったりの仕事ではありますが、やる気にムラがあるのと方向音痴なので悪との戦いに間に合わない場合があります。時間制限のある魔法は使いそびれて無駄にする可能性がありますが、ピンチに陥ってもいきなり覚醒して大勝利を収める展開が期待できます。

お金には執着しませんが、努力を続ければ大きなチャンスを引き寄せ、財を成す可能性があります。

現代の適職例

遺伝子学　占い師　カウンセラー　コンサルアーティスト　スピリチュアル関連　芸能　介護福祉　美容師　医療関係　出版　作家　子ども・動物・自然関連など

金脈運

「野生のカン」を活かして磨けば金脈になる！

あなたの一番の才能は「野生のカン」です。何事においても計画通りにはいかないタイプで、その場の状況で発動するひらめきが一番の最善策になります。嗅覚に近いカンを活かしたあなたのひらめきは、金脈のヒントです。あなたにしかない発想や独自の世界観は大金脈に繋がります。スケジュールや計画は、ざっくりと幅をもたせておくとやる気がアップします。隙間時間が、神数33の金のひらめき時間です。

恋愛運

心の性で自分のハートにフィットするほうを読んでください。

愛で地球を救う大天使
神数33の女性

神数33の女性の恋愛傾向

◉自由が一番大事！
◉年齢差のある相手でも大丈夫
◉顔も大事だが「中身」も大事
◉博識で面白い人が好き
◉縛られたくないので縛らない
◉愛が広すぎて相手が不安になる
◉仕事に夢中になると恋愛を忘れる
◉押しに弱く断れない
◉恋愛も結婚も独自の考えがある

神数33の女性が恋愛において一番大事にしているのは「信頼し合う自由な関係」です。

あなたには不思議な魅力があり、誰にでも優しく接するので、どの年代からも好かれます。統計的に容姿も端麗で癒しのオーラをまとっているので、憧れを抱かれることが多いでしょう。あなたと関わったことで運気が変わる人もいるくらいのラッキーガールです。

真面目で清純な一面と魅惑的でセクシュアリティな一面を併せ持っています。

結婚して家庭に入る人や恋多き人生を選び独身を貫く人、パートナーがいても結婚にこだわらない人など、独自の結婚観を持ち個人差があります。

相手と出会ってすぐ結婚を意識する場合が多いのですが、あなたの愛が大きすぎて相手が不安になり、自分だけを見てもらえない寂しさを感じることがあります。また、結婚に縛られたくないと思う人は、なかなか関係を進めることができず悩むこともあると思います。

精神的な繋がりのほうを重視するので、カタチや常識にこだわらない価値観があり、個性的で自分の世界観がある人を好みます。博識や料理が上手など、自分にない才能の持ち主に興味を示します。

愛で地球を守る宇宙人 神数33の男性

神数33の男性の恋愛傾向

◉みんなのアイドル!
◉誰にでも好かれるアイドル気質
◉愛が広く、恋人だけに執着しない
◉縛られたくないので縛らない
◉いつまでも若々しく少年のよう
◉惚れられやすく押しに弱い
◉不平等や理不尽(暴力)には怒る
◉告白は苦手、形式も面倒も苦手

神数33の男性は、「精神的な繋がりを持てる相手」が理想です。

神数33の男性は、年齢よりとても若く見え、心も少年のような人です。

神秘的な雰囲気を持ち、プライベートが見えにくいタイプで豊かな才能を発揮して生きます。独特の価値観や世界観があり「一見変わっている人」に見えます。女性を顔やスタイルで判断せず、「直感」で合う・合わないを判断します。愛が大きく、多くの人と男女差なく交流するので、恋人にすると不安かもしれません。

モテるので俳優さんや人気業などの仕事、才能を活かした自営業の人が多いでしょう。

家庭より外に意識が向いているので、パートナーになった人は「一番のファン」と腹を括りましょう。

できることとできないことのギャップが激しいので、そこに「母性本能」がくすぐられる人も多いといえます。束縛は厳禁なタイプですので、注意しましょう。

愛情が深く、魂の繋がりを重視する人なので、相手にも誠実な信頼を求めます。

人に合わせて行動することもできないので、理解が必要です。超感覚的な生き方をするので、「宇宙人と付き合っている」と思ったほうがうまくいきます。

趣味は、神助け!?

日本の神様の好きな部分は「完璧じゃない」ところです。

神々であっても協力したり助け合ったりする在り方が、人間にも学びを与えてくれていると感じます。

神様の中でも、カミムスビ様の救いの手は素晴らしく、神話の中でも何度か登場して神様を助けています。

救済エピソード

❶オオゲツヒメ救済！

スサノオ様とトラブルになったオオゲツヒメは剣で切られてしまいます。亡くなったオオゲツヒメの体から「種」を作り出し、穀物の神様誕生に関わりました。

❷オオクニヌシ様を救済！

兄神たちに何度も殺されかけたオオクニヌシ様を蘇生するために、貝の女神「ウムカヒメとキサカヒメ」を派遣。みごと蘇生に成功し、国づくりへの貢献をしました。

❸息子を強力サポーターに！

古事記では、カミムスビ様の子どもは、医療の神のスクナヒコナ様です。スクナヒコナ様はオオクヌヌシ様の右腕として国づくりに大きな貢献をし、薬の神様として今でも人々を救ってくださっています。

記述はありませんが、オオクニヌシ様のところへ遣わしたのも、やっぱりカミムスビ様だと思いませんか？

推しの神様情報

❖ 神産巣日神がお祀りされている主な神社

サムハラ神社（大阪府・岡山県）　出雲大社（島根県）

❖ 神産巣日神の推しカラー

紅紫（マゼンダピンク）

❖ 神産巣日神の御神徳

豊作　縁結び　厄除け　開運招福

❖ 神数33の人が喜ぶ魔法の言葉

「天才！」「凄すぎる！」

❖ 神数33の有名人例

アインシュタイン　荒川静香　齋藤一人　夏目漱石　羽生弓弦　福山雅治

❖ 神産巣日神と繋がる推し事

＊頭で想像できたらGOサイン

あなたに計画書ほど似合わないものはないでしょう。出会いや経験はあなたにとっては「ビッグバン」です！

＊やってから考える

そういえるのは、あなたの才能をストップさせるほうがもったいない時間だからです。

＊おみくじを引く

頭の中がショートする前に神社参拝をしておみくじを引いてみましょう。神様の言葉に耳を傾けると「自分軸」に戻れます。

＊創作活動

時間を忘れて没頭できる集中力は神レベル。子どものように楽しむほどいいでしょう。

＊孤独を楽しむ

人はみんな一人ですから、孤独を楽しんで自分の世界を持っていることに自信を持ちましょう。

＊直感で行動・単独旅

単独旅は自由気ままができ、「神様からのお呼び」にも気づきやすくなり、思わぬ発見や喜びを体験できるでしょう。

神産巣日神からあなたへのメッセージ

あなたが流れ星のように光り輝きながら
地球へ降りた日を覚えています。
星砂のような小さな命は私の中から生まれ、
旅立ったもの。
あなたが「生まれたい」と光って私に教えた時、
「私はまだ早いのではないか」と諭しました。
早く降りればツラいことも多いでしょう。
私の手の中で慈しみ
護り抱きしめていたかった。
けれどあなたは胸の中で
燃える炎を私に見せて言いました。

「どんなことがあってもやり抜く」と。
光り輝く炎は熱く燃えて、光の柱のようでした。
「御柱を持つ子であったか。
これから先は平坦な道のりではありません。
誰もがたどり着く道でもない。
理解されずバカにされて
無理だと笑われることもあるでしょう。
見放されて孤独を味わうことも
あるかもしれません。それでも行くのですか？」

「行きます」
あなたの目はどこまでも澄んでいて
清らかでした。
私は抱きしめる手を放して、
あなたの旅立ちを見送ったのです。

どんなことがあっても一人ではありません。
あなたを真に理解できる人が少なくても
気に病むことはありません。
あなたの生き方がたとえ傷だらけであっても
「あなたの愛」は本物です。
人と違うことは才能です。
あなたが人知れず流した涙の美しさを
私は知っています。
あなたが感動で胸を震わせた日も
悲しみに打ちひしがれた日も
すべて「成すべき道への道しるべ」でした。
よく乗り越えてきました。まだ道の途中ですね。
これからはあなたの世界をつくりましょう。
あなたならできるのです。
あなたの魂は、輝くほどに周囲を照らし、
応援する人が集まってきます。

御柱の子よ。勇気を持ちなさい。
私と共に在ることを忘れないでください。
あなたの御魂を迎えに行くまで、
好きなように自由に走りなさい。
走り切ったあなたを、抱きしめる
私の愛を覚えておいてください。

episode

神数33の生き方を魅せる人

ニューワールド作家プロデューサー　山本時嗣《ときおみ》さん

「全人類〝福の神〟という世界を作りたい！」

にこっと笑う笑顔がいたずら好きの少年に見えて、思わず私も笑顔になったのを覚えています。ベストセラー作家を育てる大物作家プロデューサーと聞いただけで、緊張が体中に走ってしまうかと思っていました。山本さんと初めて出会ったのは、京都の上賀茂神社で共通の知人の結婚式に出席した時でした。

「よく神社で出会う縁がある」とおっしゃる中の一人になれたのは光栄でしたし、私にとっても山本さんとの出会いは出版への大きな転機でした。結婚式だったのでその時は礼服でしたが、山本さんはいつもピンクのTシャツ姿なのでどこにいてもすぐわかります。絶対、偉ぶったり人を何かの基準で判断したりしない人柄に、大きな信頼を感じました。

世の中がデジタルな社会になっていくからこそ「紙の本」にこだわって仕事をされている山本さん。私は、紙の本だから感じられる

「重み」があるからではないかと思いました。

山本さんは著者が伝えたいことをじっくり聞いて、一番求めている形を探してご提案してくださいます。著者の伝えたい気持ちは、本の重さとも比例する気がするのです。

順風満帆な人生を歩んでいるように見える山本さんにも人生のどん底があり、神様とのご縁が転機になっていたと知りました。

どん底時代に奈良県の天河大弁財天社に参拝して、とても癒されて相性が良い神社だと感じたそうです。天河社に通うようになって運気が上がり、サラリーマンで億の売り上げ実績を作ったとのこと。その後、会社を辞めて独立した時に、人生のキーマンである大投資家の竹田和平さんに出会ったそうです。

「和平さんの言葉を世の中に広めたい一心で本を作る手伝いをしたことが、作家プロデュースの道を開きました」

人生を左右するような和平さんとの出会いや、作家プロデュースという天職を見つけたのも偶然でしょうか?

いいえ、出会いこそ神様が用意してくださっている最高のプレゼントだと、私はいつも思います。

山本さんの会社は、2023年には17年目に入り、プロデュースした本は、現在170冊に届く勢いで、毎月のように出版されています。御自身も本を出版されて、人生が大きく好転したのは神様のおかげだと感じているそうです。その恩返しの気持ちが「全人類〝福の神〟という世界を作りたい！」という志になったのではないかと思いました。

「これは変わらない私の志です。一人ひとりが神様であって、誰かを助けたり支えたりして、夢を叶えるお手伝いをお互いにする世界が夢です」

心の柱を持つ山本さんは、人繋ぎの名人でもあります。幸せを分け合い、結んだ人たちが発展するように見守る〝福の神様〟として、ますます活躍の場を広げることでしょう。実際、山本さんの心柱のもとにも多くの協力者が集まっています。

神様とのゴールデンループを大きく育てたのは、感謝と努力の賜物だと感じました。一人ひとりが誰かの神様なんて、本当に素敵な世界だと感動します。

世の中はAIが中心となって、物質的な物は消えていくともいわれます。AIが創る世界は人の創造を超えていくのかもしれませんが、何もかもがデジタル世界になってしまうことはないと思います。デジタル世界が膨大な情報を持っていても、一冊の本の重みを感じることはできません。どんなにAIが感動する物語を作っても、人にしか書けないものがきっと存在するはずです。

山本さんは、作家プロデュースのほかにも、いろいろなことにチャレンジしています。毎日が冒険のような生き方は、まさに神数33らしいなと感じます。山本さんのチャレンジがみんなの夢や希望になっているからこそ、大きな応援が集まっているのでしょう。

神社で授かるお守りは、神様の力をお守りにこめて私たちにパワーを分けてくださっています。山本さんのプロデュースする本も、心を守るお守りの役割をしていると思います。

一冊の本に命を救われたり人生が変わる人がいるのですから、「本」は素晴らしいお守りです。お守りはそこに在るから安心します。

私もお守りになるような本を、これからも書いていきたいと強く思いました。

出会いはやっぱり神様からのギフトですよね。

山本さんに出会えたのも、山本さんの志を伝えてくれた人がいるからです。志は簡単じゃないからやりがいがあります。やりがいが生きがいになるから「応援される人」になると、山本さんの生き方から教わりました。

山本さん最新書籍『死を力に。』（光文社刊）

おわりに

「2023年のお正月は最悪のスタートだった」

気がついたとき私は、ひどく揺れるストレッチャーの上でした。寒気に震えて生きていると実感したのを覚えています。今、こうして出版の原稿を書き上げているのが奇跡なのかもしれないと思っています。

0.1%以下の確率で急変した私の病気は、かなり危険な状態に陥って、あと少し遅かったら命を失くしたかもしれないと聞かされました。当たり前ですが、倒れる予定ではなかったので、多くの方々や家族に心配もかけてしまいました。

「お前は自分の命に執着がなさすぎる！」

スピリチュアルな仕事をしているとよく聞く「臨死体験」。私はものすごく怖がりなので、臨死体験だけはしたくなかったのですが、あの世とこの世の境目にある美しくて怖い水辺に立った時、私は天から怒鳴られました。

「死にたくないか?」

そう天の声に問われた時は、自分でも驚くほど後悔の気持ちでいっぱいでした。

「死にたくないです!」

生きてやりたいことがある。

生きて会いたい人がいる。

生きて行きたいところがある。

生きて感謝を伝えたい。

溢れる後悔と生きたいという命の火が燃えた瞬間でした。

「その命、大切にすると誓うか?」

「はい!」

そのまま死んだらいっぱい後悔すると思いました。私の心の中に大切な人たちの笑顔がたくさん浮かびました。

（私にはやることが、まだある！）

見えない天の声のほかに、ふと隣に誰かいると思って横を見たら、小さな神様がいました。「サイノカミ」と名乗った神様は、私をこの世に還してくださいました。あの世とこの世の境目の神様だと思います。

この世に戻ってからも奇跡は起こりました。

名医が現れてピタリと手術で治してくれたり、回復が劇的に早く、家族も驚く展開の速さだったと思います。文字も読めなくなってまったく動けなかったのに、仕事にも1月末に復帰できました。

振り返ってみても神様のサポートなしにはあり得ないと実感しました。

本書を書いている時に倒れて、死にかけて、生き返る。

「2023年のお正月は最悪のスタートだった」と書きましたが、今はそう思いません。

「2023年のお正月に生まれ変わった」

そう、思っています。


命あることに感謝し、神様と人を繋いでいきたい。

「みんな神様と両思いの世界」を創ることが私の夢です。


命は永遠ではないからこそ、今しかできないことをやると決めました。生まれ変わりはあっても「香坂琉月」をやり直すことはできないのです。

スピリチュアルは、過去世や未来にフォーカスしてしまいがちですが、「今」が一番大事であると伝えるお役目もいただいたと思っています。地に足のついたスピリチュアルを目指して、生きる喜びをみんなと共有したいと願っています。


「香坂さんは神数いくつですか？」

よく聞かれますのでお答えします。

「私は神数33です」

だからすごいでしょ！という話ではありません。

私は子どもの頃は「3の人生」、大人になって家庭を持ってから「6の人生」でずっと生きてきました。44歳になってもう一度絵を描き始めたことがきっかけで、「33の人生」がスタートしました。そのスイッチになったのが「好きだったこと」に意味があって、それを伝えるために本書も書かせていただいていると感じています。

私が育った村の名前は、今はありません。

市町村の合併が進んで、地名もどんどん消えてしまいました。コンビニもないくらい田舎だったので、私は絵を描くことが遊びでした。あまりにも描く子だったので、あっという間にお絵描き帳がなくなり、祖母に与えられたのはチラシの裏紙でした。神棚のあるお座敷がお絵描きする場所で、日が暮れるまでお絵描きした記憶もあります。

上手とか下手とかより、「楽しかった」から描いていたのに、いつの間にか上手な人を見て絵を描く人になるのを諦めました。逃げたと言ってもいいと思います。

先生を目指して小学校にお勤めし、その後、塾の経営者になりました。先生として30年近くも子どもたちに携われて幸せだったのも、「6の愛の人生」だったからでしょう。

しかし、愛を注ぎ続けた結果、私の愛は空っぽになり体も痛めてしまいました。愛の使い方を間違えていたからです。自分が犠牲になって「愛」だなんて、過去の自分に「間違ってるぞー!」と教えてあげたいくらいです。

そのまま「6の人生」を歩んでいても別に問題はなかったはずです。でも神様は、人生が終わる前にもう一度「それでいいのか?」と聞いてくださるようなチャンスを与えてくれていると、臨死体験から逆算して思いました。

私が臨死体験したのは49歳。33の人生をスタートしたと感じたのは44歳。

5年間の猶予は短いか長いか?

みなさんはどう思われますか?

「33の人生」に気づかず、49歳で亡くなったとしたら、あれほどの後悔を感じたかわかりません。疲れ果てて眠りにつきたいと思ったかもしれません。

「生きる目的や目標」がある今は、1日1日がとても貴重に思えます。やりたいことに頭の中が溢れていて、時間が足りないと感じます。出会う人に感謝し、できることで感謝を表せることにまた感謝して……昔の自分では考えられない人生を歩んでいると感じています。

33が特別だからではありません。

全員に通じることだと思うからお話しています。命があるから私とあなたは本を介して会っています。とても奇跡的なことです。

星の数ほどの本がある中で、私の本を選んでくれてありがとうございます。この本を手にした理由を一番初めに言いました。

あなたが自分の魂の性質や使命を知った時
あなたの中に眠っていた神性が目覚めます。

あなたは自分の神様と魂の繋がりを知りました。

きっと、本を開く前とあなたは変わっています。

あなたの中の神様が目を覚ましたからです。

なぜなら、
神様はそういうチャンスを見逃さないのです。

あなたは、この本を介して「今のままで良いのですか？」と神様からの問いを投げられているのです。

私も好きなことをすることで、本来の魂が目覚めました。


私が生まれた場所の名前は消えましたが、私の中では消えていません。

田んぼの中の集落で「神」と名がつく地名でした。

小さなころから夢中で絵を描いていた私を、神様やご先祖様は見てくれていたと思います。使命という大そうな名称に臆することもありません。本来の魂の場所に戻してくれただけなのだと思います。

好きなことは神様が応援してくれることであると実感したからお伝えしています。
好きなことは生きがいです。
生きがいを持っている人＝ゴールデンループの授かり主
神様の応援に感謝をお返しするのも、好きなことでしかできないのだと思います。

その愛と感謝の循環こそが「ゴールデンループ」だからです。
そして、あなたが年老いて肉体的に行動できなくなった時でも、ゴールデンループは切れることなく輝かしい光のまま、あなたと神様を最後まで繋いでいます。

あなたの人生がより自分らしい生き方になるよう願って。

本書を執筆するためにご協力をしてくださったみなさまに心から感謝申し上げます。
そして、私を支えてくれた家族や友人、ファンの皆様、命を守ってくださった神々へ、心から感謝申し上げます。ありがとうございました。

香坂琉月

香坂琉月（こうさかるな）

日本かみさまアカデミー代表
神さまアート&御朱印作家
とこわか生活の第一人者
ご神木ご神水専門家

子ども時代はイラストレーターになるのが夢だったが、大学受験に迷い、絵の道を諦める。その後、小学校の先生を経て独立し、学習塾の経営を始めるが、働きすぎで時間がなくなり仕事をこなすだけの生活に。過労による心身のダメージから腎臓や肝臓を傷めて、このままでは死ぬと悟る。

救いを求めてさまざまなセラピーや数秘を学び「本当の豊かさとは何か」に気づき、働き方も生き方も変化。30 年近くの教師生活に区切りをつけ退職。子どもの頃の夢だったアート活動を 25 年ぶりに再開。

神様を描いた「神さまアート」は即完売の人気を得て、5 年間でアートセッションも含めて累計 2700 人へメッセージを届けた。

2020 年に日本かみさまアカデミーを設立。

「神さま数秘術®」は人気講座に成長。自分を守る神様に恩返しをしようと、神様を応援する「推しの神さま活動」を始める。

2022 年に「とこわか生活研究所」を立ち上げ、敬愛する神宮の「式年遷宮」によって成す「常若（とこわか）」の在り方を研究している。

同年、「和の国の神さま占い®」アドバイザー講座もスタートさせ、全国で人気講座になっている。

2023 年正月に突然倒れて、入院。臨死体験を経て「生きる」意味を知り、神様との繋がりを深く理解する。

占いというツールを使って人と神様を繋ぎ、寺社の存続や日本の文化の伝承を担える方法を日々、探求している。

近年では神社の御朱印を手掛け、御朱印作家としても全国で活動している。

「神さま数秘術®」商標登録第 6426544 号
「和の国の神さま占い®」商標登録第 6706067 号

あなたの「神数」が
瞬時にわかる！

そのほか、著者による
イベント＆講座の最新情報はこちらより
「日本かみさまアカデミー公式ホームページ」
https://kamisama-japan.com/

Publishing Agent　山本時嗣（株式会社ダーナ）
https://tokichan.com/produce/

和の国の神さま占い

「神さま数秘術」を知って、神さまと両思いになる

2023年 11 月 10 日　第1版第1刷発行

著　者　香坂 琉月
編　集　澤田 美希
デザイン　藤井由美子

発 行 者　大森 浩司
発 行 所　株式会社　ヴォイス　出版事業部
☎ 03-5474-5777（代表）
📠 03-5411-1939
www.voice-inc.co.jp

印刷・製本　株式会社シナノパブリッシングプレス

ISBN 978-4-89976-555-4